CHRISTOPH BAUSENWEIN

UNSERE NATIONALMANNSCHAFT

DAS GROSSE FANBUCH

VERLAG DIE WERKSTATT

Der Autor
Christoph Bausenwein veröffentlichte im Verlag Die Werkstatt einige viel beachtete Bücher, unter anderem über den Bundestrainer („Joachim Löw – Ästhet, Stratege, Weltmeister") und den FC Bayern München („FC Bayern München: Unser Verein, unsere Geschichte", zusammen mit D. Schulze-Marmeling). Zugleich verfasste er Kinderbücher zum Thema Fußball, insbesondere Vereinsbücher zum FC Bayern München, Borussia Dortmund, FC Schalke 04, Hamburger SV, Borussia Mönchengladbach, Werder Bremen, 1. FC Kaiserslautern, 1. FC Nürnberg und 1. FC Köln.

Bildnachweis
Imago Sportfoto: 2/3, 4, 6 (2), 7(o), 10(l), 21(2), 22(u), 23(o), 24(ul), 26, 27(2u), 29(2), 30, 31(2), 33, 34, 35(u), 36(ul), 37(u), 39(2), 40(o), 41(2), 42(u), 43, 44(u), 45, 46, 47(u), 48, 49(u), 51(2), 52(ul), 53(u2), 54(2), 55(u2), 56, 57(3), 59, 60(or), 61(2), 63
Fotoagentur Horst Müller: 13(u), 14(u), 15(4), 19, 22(o), 23(u), 24(2), 25, 27(o2), 32, 35(o2), 36(ur/o4), 37(o), 44(o), 49(o), 52(3), 53(o), 58(2), 60(l), 61(ol), 62(2)
picture alliance: Cover, 10(u), 14(o), 16(u), 40(u), 42(o), 55(o)
Archiv des Verlages: 9(3), 11(3), 12(2), 24, 20

Literatur
Wenn ihr noch mehr über die Nationalmannschaft erfahren wollt, dann schaut doch in unten stehende Bücher aus dem Verlag Die Werkstatt. Aus ihnen stammen auch viele Informationen, die dieses Buch enthält:

Hardy Grüne / Dietrich Schulze-Marmeling: *Das goldene Buch des deutschen Fußballs,* Göttingen 2016
Bernd-M. Beyer / Dietrich Schulze-Marmeling: *Das goldene Buch der Fußball-Weltmeisterschaft,* Göttingen 2015
Dietrich Schulze-Marmeling (Hrsg.): *Die Geschichte der Fußball-Nationalmannschaft,* Göttingen 2008
Dietrich Schulze-Marmeling: *Die Geschichte der Fußball-Weltmeisterschaft,* Göttingen 2014

Impressum
Bibliografische Information der Deutschen Nationalbibliothek: Die Deutsche Nationalbibliothek verzeichnet diese Publikation in der Deutschen Nationalbibliografie; detaillierte bibliografische Daten sind im Internet über http://dnb.d-nb.de abrufbar.

Lotzestraße 22a, D-37083 Göttingen
www.werkstatt-verlag.de

Satz und Gestaltung:
Die Werkstatt Medien-Produktion GmbH, Göttingen
Covergestaltung: www.vogelsangdesign.de

ISBN 978-3-7307-0284-0

MIX
Papier aus verantwortungsvollen Quellen
FSC® C110508

Inhalt

Weltmeister 2014: die deutsche Nationalmannschaft nach dem 1:0 im Finale gegen Argentinien.

DIE NATIONALELF

Deutschlands Fußballstolz

Das „Wunder von Bern“: Nach dem WM-Triumph 1954 wird Kapitän Fritz Walter begeistert gefeiert.

Die Nationalmannschaft ist das Aushängeschild des deutschen Fußballs. In ihr spielen die besten Spieler, die einen deutschen Pass besitzen. Bei Welt- und Europameisterschaften hat sie schon viele Erfolge gefeiert.

Bereits viermal konnte Deutschland den WM-Titel gewinnen: 1954, 1974, 1990 und 2014. Nur Brasilien (fünfmal) ist häufiger Weltmeister geworden. Keine andere Mannschaft erreichte allerdings so oft das Finale wie die deutsche. Bereits achtmal stand sie in einem WM-Endspiel, somit ging sie viermal als Vize-Weltmeister vom Platz, nämlich 1966, 1982, 1986 und 2002. Weltrekord ist auch das 13-malige Vordringen ins Halbfinale. Zählt man alle WM-Spiele zusammen, dann liegt Deutschland hinter Brasilien auf Platz 2 der ewigen WM-Tabelle.

Deutschland ist nicht nur bei Weltmeisterschaften die erfolgreichste Mannschaft Europas. Die Auswahl des Deutschen Fußball-Bundes (DFB) liegt auch bei Europameisterschaften auf Platz 1. Bis 2016 nahm sie zwölfmal – und damit so häufig wie kein anderes Land – an einer EM teil. Sechsmal gelangte sie ins EM-Endspiel, dreimal – 1972, 1980 und 1996 – konnte sie gewinnen. Beides ist ebenfalls Rekord. Rekord ist darüber hinaus die ununterbrochene Teilnahme an sämtlichen EM-Endrunden von 1972 bis 2016. Nur einmal, nämlich beim ersten Versuch 1968, gelang es der deutschen Mannschaft nicht, sich für die Endrunde zu qualifizieren.

Europameister 1972: Franz Beckenbauer und Günter Netzer, die Köpfe der vielleicht besten deutschen Mannschaft aller Zeiten.

Titel und Rekorde

Weltmeister 1954, 1974, 1990, 2014
Europameister 1972, 1980, 1996

Deutsche WM-Rekorde
Die meisten Spiele (106)
Die meisten Tore (224)
Die meisten Finalteilnahmen (8)
Am häufigsten Zweiter (4 x)
Am häufigsten Dritter (4 x)
Die meisten Halbfinal-Teilnahmen (13)
Die meisten gewonnenen Elfmeterschießen (4 von 4)
Als einziges Land dreimal in Folge im Finale (1982, 1986, 1990)
Als einziges Land viermal in Folge im Halbfinale (2002, 2006, 2010, 2014)
Keine Auswärtsniederlage in zwölf Qualifikationsrunden
Erster Weltmeister im Land eines anderen Weltmeisters (1990 in Italien)
Erster Europameister, der Weltmeister wurde (1972 und 1974)

Der Jules-Rimet-Pokal (links) war die Siegestrophäe bei den Weltmeisterschaften von 1930 bis 1970. Sein Nachfolger ist der FIFA-WM-Pokal (rechts).

Deutsche EM-Rekorde
Die meisten Endrunden-Teilnahmen (12)
Die meisten Spiele (49)
Die meisten Siege (26)
Die meisten Titel (3)
Am häufigsten Zweiter (3)
Die meisten Final-Teilnahmen (6)
Die meisten Halbfinal-Teilnahmen (9)

(Stand: 31. Juli 2016)

Der Coupe Henri-Delaunay wird seit 1960 dem Fußball-Europameister verliehen.

DER LANGE WEG ZUM WUNDER VON BERN

Die Nationalmannschaft 1908–1954

WM-Dritter 1934
WM-Teilnehmer 1938
Weltmeister 1954

Die deutsche Mannschaft beim ersten Länderspiel gegen die Schweiz. Von links: Baumgärtner, Hensel, Baumgarten, Hiller, Hempel, Förderer, Jordan, Ludwig, Kipp, Weymar.

1908 Das erste Länderspiel

Die Geschichte der Nationalmannschaft beginnt mit fünf inoffiziellen Länderspielen, die Walther Bensemann, der spätere Herausgeber der Zeitschrift *Kicker,* in den Jahren 1899 bis 1901 organisierte. Diese „privaten“ Auswahlteams trafen dabei immer auf Mannschaften aus England, dem Mutterland des Fußballs. Alle Spiele endeten mit hohen Niederlagen für Deutschland.

Als offizielle Länderspiele gelten nur diejenigen, die der Deutsche Fußball-Bund (DFB) durchführt. Das erste fand am 5. April 1908 statt. Die DFB-Auswahl, die aus elf Spielern von elf verschiedenen Vereinen bestand, traf vor 3.500 Zuschauern in Basel auf das Team der Schweiz. Die DFB-Elf, die damals noch keinen Trainer hatte, verlor die als „freundschaftlicher Länderkampf“ angekündigte Begegnung mit 3:5.

Auch in den folgenden Länderspielen blieb die deutsche Elf sieglos und kassierte viele Gegentore. Ernüchternd war vor allem ein 0:9 in Oxford gegen eine Auswahl englischer Amateure. Der erste Sieg gelang der deutschen Auswahl erst im sechsten Länderspiel. Es war am 4. April 1909 in Karlsruhe, der Gegner war erneut die Schweiz. Den entscheidenden Treffer zum 1:0 erzielte der Stuttgarter Eugen Kipp.

Preis 20 Cts.

Offizielles Programm

herausgegeben von der

Schweiz. Fussball-Association

Vorort Basel.

Internationaler Match

die 11 besten Spieler von

Deutschland

gegen

die 11 besten Spieler der

Schweiz

Sonntag, den 5. April 1908, Beginn 3 Uhr

auf dem Landhof

(Tramhaltestelle: Bad. Bahnhof und Riehenstrasse)

EINTRITT: Tribüne Fr. 3. –
I. Platz „ 2. –
II. Platz „ 1. –

Programm zum ersten Länderspiel Deutschland – Schweiz am 5. April 1908.

Der DFB

Die Nationalmannschaft ist das Auswahlteam des Deutschen Fußball-Bundes (DFB). Der DFB wurde am 28. Januar 1900 in Leipzig gegründet und wuchs rasch. Noch vor dem Ersten Weltkrieg hatte er weit über 100.000 Mitglieder, die Millionengrenze wurde in den 1920er Jahren erreicht. Heute ist er mit fast 7 Mio. Mitgliedern der größte Fußballverband der Welt. Gegliedert ist der DFB in fünf Regionalverbände, die sich wiederum in insgesamt 21 Landesverbände aufteilen.

Prof. Dr. Ferdinand Hueppe, der erste DFB-Präsident.

Ohne Trainer keinen Erfolg
In den ersten Jahren hatte die Nationalelf noch keinen Trainer. Der Vorsitzende des Spielausschusses, der die Nationalspieler begleitete, legte die Aufstellung fest. Für die Taktik war der Mannschaftskapitän zuständig. Ein Erfolgsmodell war dieses Vorgehen nicht. Von den ersten 58 Spielen (1908-1926) gewann Deutschland nur 16, verlor aber 30-mal. Am 1. Juli 1926 wurde mit Otto Nerz endlich ein „Reichstrainer“ engagiert.

1910 Zuschauer als Nationalspieler

Zu den frühen Länderspielen trat nur selten die wirklich stärkste deutsche Mannschaft an. Unter anderem lag das daran, dass der DFB bei der Spielansetzung nicht auf wichtige Spiele oder Auslandstourneen der Vereine achtete. In diesem Fall mussten die Spieler für ihren Klub auflaufen statt für die Nationalelf.
Am 15. Mai 1910 etwa fand das Finale um die Deutsche Meisterschaft in Köln statt, das der Karlsruher FV gegen Holstein Kiel mit 1:0 gewann. Nur einen Tag später stand in Duisburg ein Länderspiel gegen Belgien an. Da alle Endspielteilnehmer abgesagt hatten, standen vor dem Anpfiff lediglich sieben Spieler auf dem Platz. In ihrer Not ernannten die Offiziellen des DFB einige zufällig im Publikum anwesenden Duisburger Fußballer kurzerhand zu Nationalspielern. Das zusammengewürfelte Team hatte natürlich keine Chance und verlor mit 0:3.

1912 Torrekord in Stockholm

Die ersten großen internationalen Fußballturniere fanden bei den Olympischen Spielen statt. Eine deutsche Elf nahm zum ersten Mal 1912 in Stockholm daran teil. Sie verlor ihr erstes Spiel mit 1:5 gegen Österreich, doch in der anschließenden „Trostrunde“ gelang ihr ein sagenhaftes 16:0 gegen eine russische Auswahl. Dieser Sieg ist bis heute der höchste in der Geschichte der deutschen Nationalmannschaft. Allein zehn Treffer erzielte Gottfried Fuchs vom damaligen Spitzenklub Karlsruher FV.
Kein anderer Torjäger, nicht einmal Gerd Müller, sollte jemals diesen Rekord brechen. Allerdings war Russland damals ein Fußball-Entwicklungsland. Außerdem zeigten sich die Russen nicht gut in Form. Am Vorabend, so heißt es, hätten sie bis tief in die Nacht gefeiert.

Rekordtorschütze Gottfried Fuchs.

Die deutsche Elf vor dem 16:0-Rekordsieg 1912 in Stockholm.

Die deutsche Elf im Januar 1934 vor dem mit 3:1 gewonnenen Spiel gegen Ungarn. Im Auftrag des Führers zeigten sie den in Nazideutschland üblichen Hitlergruß.

1933 – 1945
Fußball unter den Nazis

Nach der Machtübernahme der Nationalsozialisten im Januar 1933 wurden sämtliche Sportverbände aufgelöst und von den Nationalsozialisten neu organisiert. Das nannte man „Gleichschaltung“. Der DFB ging im „Fachamt Fußball“ auf. Seine Führung um den damaligen Präsidenten Felix Linnemann passte sich gehorsam den Nazi-Verbrechern an – ein beschämendes Kapitel in der deutschen Fußballgeschichte. Spieler jüdischen Glaubens und viele andere, die den Nationalsozialisten nicht passten, wurden vom Sport ausgeschlossen, verfolgt und ermordet. Das Nationaltrikot tragen durften nur noch Spieler, die sich in die neuen politischen Verhältnisse fügten und vor dem Spiel ihren Arm zum „Hitlergruß“ streckten.

Verfolgte Nationalspieler
Julius Hirsch, der zwischen 1911 und 1913 sieben Länderspiele bestritt, war nach Gottfried Fuchs der zweite Nationalspieler jüdischen Glaubens. Während es Fuchs gelang, 1937 nach Kanada auszuwandern, blieb Hirsch in Deutschland. Am 1. März 1943 wurde er verhaftet, in das Vernichtungslager Auschwitz transportiert und dort umgebracht. In Gedenken an die Opfer des Nationalsozialismus vergibt der DFB seit 2005 den Julius-Hirsch-Preis an Personen oder Initiativen, die sich heute beispielhaft für die Verteidigung der Menschenrechte einsetzen.

1912 schmückte der jüdische Nationalspieler Julius Hirsch noch das Titelbild einer Sportzeitung. Später wurde er von den Nationalsozialisten verfolgt und ermordet.

1934 WM-Dritter in Italien

Bei der ersten WM 1930 in Uruguay war Deutschland noch nicht dabei, weil dem DFB die Reisekosten zu hoch waren. Für das zweite Turnier, das 1934 in Italien stattfand, qualifizierten sich die Deutschen durch ein 9:1 über Luxemburg. Bei dieser WM gab es nur K.-o.-Spiele. Durch Siege gegen Belgien (5:2) und Schweden (2:1) gelangte das deutsche Team ins Halbfinale. Gegen Belgien waren Mittelstürmer Edmund Conen drei Treffer hintereinander gelungen.

Mehrere Fehler des Torwarts Willibald Kreß führten im Halbfinale zu einer 1:3-Niederlage gegen die Tschechoslowakei. Im Spiel um Platz 3, dem „kleinen Finale“, traf die Nationalelf – nun mit Hans Jakob als Torwart – auf Österreich und gewann 3:2. Kurios war dabei Deutschlands dritter Treffer in der 42. Minute. Der Österreicher Karl Sesta hatte sich auf den Ball gesetzt, aber Edmund Conen kannte den Trick schon und ließ sich nicht verblüffen: Er spitzelte Sesta den Ball unter dem Hintern weg, die Kugel landete bei Rechtsaußen Ernst Lehner, und der schoss ins Tor.

Plakat zur WM 1934 in Italien.

Operation „Heldenklau“
Trainer Sepp Herberger, der trotz der Pleite bei der WM 1938 im Amt geblieben war, setzte sich während des Krieges sehr für seine Nationalspieler ein. 1942 legte er den Behörden eine Liste mit Spielern vor, die bereits einberufen waren. Die meisten dieser Spieler hätten bereits Orden wie das Eiserne Kreuz erhalten, meinte er. Sie sollten nun nicht mehr als Frontsoldaten, sondern als Fußballspieler ihren Dienst für das Vaterland tun. Tatsächlich wurden viele Spieler für die Nationalelf freigestellt und überlebten daher den Krieg.

1936 – 1938

Enttäuschung bei Olympia und WM

Vor dem Anpfiff des ersten Spiels der „großdeutschen“ Nationalmannschaft gegen die Schweiz bei der WM 1938.

Die Nationalsozialisten wollten den Fußball dazu benutzen, die Überlegenheit der „deutschen Rasse“ zu „beweisen“. Bei den Olympischen Spielen 1936 in Berlin klappte das nicht. Unter den Augen von Diktator Adolf Hitler verlor die deutsche Elf gegen Norwegen überraschend mit 0:2 und schied frühzeitig aus dem Turnier aus. Reichstrainer Otto Nerz wurde daraufhin durch Sepp Herberger ersetzt.
Unter Herbergers Regie gewannen die Deutschen 1937 zehn Länderspiele hintereinander, darunter am 16. Mai in Breslau spektakulär mit 8:0 gegen Dänemark. Diese Siegesserie ließ Fans und Presse von der „Breslau-Elf“ schwärmen und auf den Titelgewinn bei der WM 1938 im Nachbarland Frankreich hoffen.
Doch daraus wurde nichts. Die Nazis zwangen Herberger, seine Mannschaft „politisch“ aufzustellen. Da sie Österreich inzwischen als „Ostmark“ dem Deutschen Reich einverleibt hatten, sollte „Großdeutschland“ zu den WM-Spielen jeweils mit sechs deutschen und fünf österreichischen Spielern antreten. Das konnte nicht gut gehen. Deutschland schied in der 1. Runde gegen die Schweiz aus.

Plakat zur WM 1938 in Frankreich.

1939 – 1942 Länderspiele im Krieg

Mit dem Angriff der deutschen Wehrmacht auf Polen begann am 1. September 1939 der Zweite Weltkrieg. Dennoch gab es weiterhin Länderspiele, allerdings nur noch gegen verbündete und neutrale Staaten. Die Ergebnisse waren oft mager. Als die Nationalmannschaft am 20. April 1940 – dem Geburtstag von Adolf Hitler – in Bern gegen die neutrale Schweiz mit 1:2 unterlag, waren die Nazi-Sportführer richtig sauer. Ab sofort sollte die Nationalelf nur noch gegen schwache Gegner antreten, die kaum eine Siegchance hatten. Von den nächsten 16 Länderspielen wurden dann tatsächlich elf gewonnen. Am 22. November 1942 fand das letzte Länderspiel Deutschlands während des Krieges statt. Mit 5:2 gewann man in Preßburg (Bratislava) gegen die Slowakei. Danach konnten wegen des Weltkriegs keine Spiele mehr ausgetragen werden. 1945 war das Nazi-Reich endlich besiegt, doch Deutschland lag in Schutt und Asche. Die Siegermächte teilten es in zwei Staaten: Bundesrepublik und DDR. Daher gab es bis zur Wiedervereinigung 1990 auch zwei deutsche Nationalmannschaften.

Weltmeister 1954

60.000 Zuschauer warten im Wankdorfstadion von Bern gespannt auf den Anpfiff des WM-Finales 1954. Es regnet in Strömen. Das ist das Wetter, wie es Fritz Walter liebt, der Kapitän und Spielmacher. Doch favorisiert ist der Gegner Ungarn mit seinem weltberühmten „Wundersturm“. Und tatsächlich: Bereits nach acht (!) Minuten liegen Fritz Walter & Co. mit 0:2 zurück. Aber dann geht ein Ruck durch das Team. Durch Treffer von Max Morlock (10.) und Helmut Rahn (18.) schafft die deutsche Mannschaft überraschend schnell den Ausgleich.

Nach der Halbzeitpause kommen die Ungarn besser ins Spiel, und Torwart Toni Turek muss über sich hinauswachsen. Die Spannung steigt von Minute zu Minute. In der 84. Minute setzt sich schließlich auf dem linken Flügel Hans Schäfer durch. Er flankt nach innen, Helmut Rahn kommt an den Ball und verwandelt zum 3:2. Das „Wunder von Bern“ ist perfekt!

Die frischgebackenen Weltmeister fahren nach dem Triumph in einem Sonderzug zurück nach Deutschland. Auf dem Weg nach München werden sie auf allen Bahnhöfen begeistert gefeiert. Nach den vielen Entbehrungen der Nachkriegszeit haben die Deutschen ihren Stolz wiedergefunden.

Fußball im Radio
Millionen von Hörern in ganz Deutschland zitterten mit dem Reporter Herbert Zimmermann, der das Endspiel live im Radio übertrug. Seine Kommentare sind berühmt geworden: „Turek, du bist ein Teufelskerl – Turek, du bist ein Fußballgott.“ „... Schäfer nach innen geflankt – Kopfball – abgewehrt – aus dem Hintergrund müsste Rahn schießen – Rahn schießt! – Tooooor! Tooooor! Tooooor! Tooooor! ... Tor für Deutschland – Linksschuss von Rahn ...“ „Drei zu zwei für Deutschland fünf Minuten vor dem Spielende. Halten Sie mich für verrückt, halten Sie mich für übergeschnappt ...“ „Aus! Aus! Aus! – Aus! – Das Spiel ist aus! Deutschland ist Weltmeister! Schlägt Ungarn mit drei zu zwei Toren im Finale in Bern!“

84. Minute im Finale der WM 1954: Helmut Rahn hat abgezogen. An der ungarischen Verteidigung vorbei findet der Ball seinen Weg ins Tor, und es steht 3:2.

Die schönsten Sprüche von Sepp Herberger

„Das Runde muss in das Eckige."

„Der Ball ist rund und das Spiel dauert 90 Minuten."

„Die Leute gehen zum Fußball, weil sie nicht wissen, wie es ausgeht."

„Nach dem Spiel ist vor dem Spiel."

„Das nächste Spiel ist immer das schwerste."

„Der schnellste Spieler ist der Ball."

Nach dem Sieg im Wankdorfstadion: Bundestrainer Sepp Herberger und Fritz Walter (links) werden umjubelt.

Die Väter des Erfolgs:
Sepp Herberger und Fritz Walter

Bundestrainer Sepp Herberger und sein Mannschaftskapitän Fritz Walter galten als die Väter des „Wunders von Bern". Beide kannten und vertrauten sich schon seit Langem. Als „Reichstrainer" hatte Herberger den damals erst 19-jährigen Fritz Walter im Juli 1940 erstmals in die Nationalmannschaft berufen. Beim Debüt gegen Rumänien schoss Walter gleich drei Tore. Seinem frühen Ruhm verdankte er vielleicht sein Leben: Als er während des Krieges in russische Gefangenschaft geraten war, erkannte ihn der sowjetische Lagerkommandant und entließ ihn in seine Heimatstadt Kaiserslautern, statt ihn nach Sibirien zu verlegen.

Sepp Herberger holte ihn nach dem Krieg sofort wieder in die Nationalmannschaft und machte den technisch brillanten Mittelfeldspieler zur zentralen Figur der neuen Nationalelf. Ihm zur Seite stellte Taktik-Fuchs Herberger einen Block von vier Kaiserslauterer Vereinskameraden, darunter seinen Bruder Ottmar Walter. Sie bildeten den Keim des „Elf Freunde"-Feelings, das zum Erfolgsrezept bei der WM wurde. Den größten Auftritt hatte die Elf im Halbfinale, als Österreich, damals noch eine Fußballmacht, mit 6:1 vom Platz gefegt wurde. Der inzwischen 33-jährige Fritz Walter erzielte zwei Tore. Der Weg zum Triumph von Bern war frei.

Kapitän für Deutschland: der unvergessliche Fritz Walter.

DIE HELDEN VON BERN 1954

Die „Helden von Bern“, die 1954 den WM-Titel gewannen, sind heute Legenden. Im Tor stand **TONI TUREK,** der von Reporter Zimmermann zum „Fußballgott“ erhoben wurde. Das Finale war der einsame Höhepunkt in der Karriere des Keepers von Fortuna Düsseldorf.

Der Kapitän, Antreiber, Pass- und Ideengeber **FRITZ WALTER** war der einzige wirkliche Weltklassespieler im deutschen Team. Der technisch brillante Mittelfeldspieler wurde auf halblinks eingesetzt. **OTTMAR WALTER,** der jüngere Bruder von Fritz, verwirrte die Ungarn im Endspiel mit ständigen Positionswechseln und riss dadurch immer wieder Lücken in ihre Abwehr. Beide Walter-Brüder schnürten ihre Fußballschuhe für die „Roten Teufel“ des 1. FC Kaiserslautern. Die drei weiteren Weltmeister aus Lautern waren der auf der linken Abwehrseite rackernde **WERNER KOHLMEYER,** der im Endspiel mehrmals für den bereits geschlagenen Turek auf der Linie rettete, der konsequent und beinhart dazwischengrätschende Stopper **WERNER LIEBRICH** sowie der hagere Dauerläufer **HORST ECKEL,** mit 22 Jahren damals das Küken im Team.

Fünf weitere Spieler komplettierten das Weltmeister-Team von 1954: Der international anerkannte Rechtsverteidiger **JUPP POSIPAL** war beim Hamburger SV ein Star. Auf den linken Läufer **KARL MAI** von der Spielvereinigung aus Fürth war immer Verlass. Auf halbrechts kombinierte fleißig der Nürnberger **MAX MORLOCK.** Er war bester Torjäger der Oberliga Süd und auch bei der WM mit sechs Treffern torgefährlichster deutscher Spieler. Rechtsaußen **HELMUT RAHN** von Rot-Weiss Essen war ein Vollblutstürmer und wurde von allen nur „Boss“ genannt. Wegen seiner dynamischen Alleingänge und seinem präzisen Schuss war er allseits gefürchtet. Auf linksaußen überzeugte mit unermüdlichem Einsatzwillen **HANS SCHÄFER** vom 1. FC Köln.

Hans Schäfer

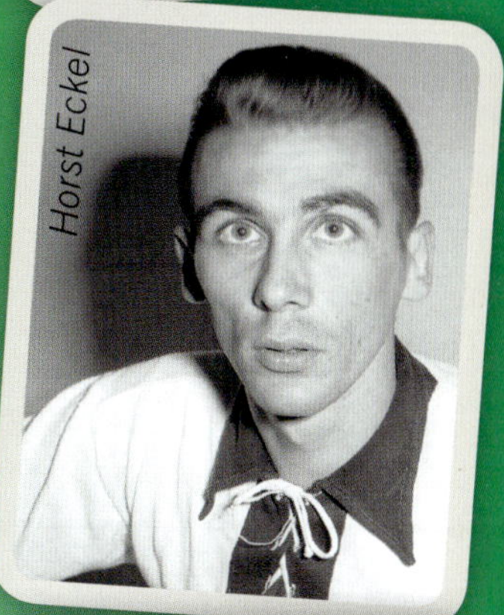
Horst Eckel

Jupp Posipal

Max Morlock

Vollblutstürmer Helmut Rahn, der „Boss“ gewinnt.

Die Weltmeister von 1954

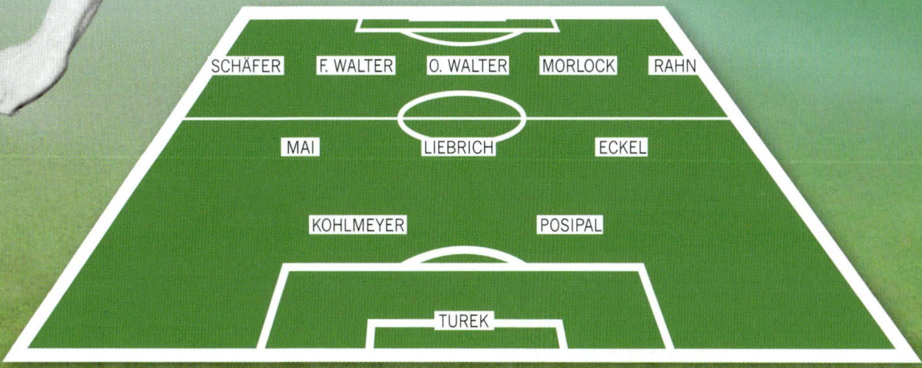

DIE STARS VOR 1945

Grenzgänger: Ernst Willimowski
Der in Kattowitz (polnisch Katowice) geborene deutschstämmige Ernst Willimowski war ein enorm torgefährlicher Stürmer. Zwischen 1934 und 1939 schoss er für die polnische Nationalelf in 22 Länderspielen 21 Tore. Bei der WM 1938 erzielte er gegen Brasilien vier Treffer, was gegen die Seleção nie wieder einem Spieler gelingen sollte. Nach der Besetzung Polens durch die deutsche Wehrmacht wurde Willimowski „eingedeutscht“. 1941 und 1942 bestritt er acht Länderspiele für das „Deutsche Reich“, in denen er 13-mal (!) traf.

HEINRICH STUHLFAUTH ließ für seinen Verein, den damaligen Rekordmeister 1. FC Nürnberg, kaum ein Gegentor zu. Der Mann mit den riesigen Bratpfannen-Händen, der gefährliche Bälle gerne mit dem Fuß klärte, war Deutschlands erster Weltklasse-Keeper. Sein Nachfolger **HANS JAKOB** war bei den Fans fast genauso beliebt. Der Torhüter von Jahn Regensburg und der „Breslau-Elf“ wurde zu einem großen Star, nachdem er sich gegen seinen Dauerkonkurrenten **WILLIBALD KREß,** den „schönen Willi“ aus Frankfurt, durchgesetzt hatte.

Als einer der besten deutschen Fußballer seiner Zeit galt der Mittelläufer **DR. HANS KALB** vom 1. FC Nürnberg. Der schwergewichtige Mann, der von Beruf Zahnarzt war, überzeugte als souveräner Organisator und Ballverteiler. Bei den Schiedsrichtern war er gefürchtet, weil er sich gern laut beschwerte. **LUDWIG LEINBERGER,** Mittelfeldspieler und Kapitän, war in den 1920er Jahren einer von vielen Nationalspielern der SpVgg Fürth. Der Aachener **REINHOLD MÜNZENBERG** gab ab 1930 einen eisernen Stopper mit guter Technik. Der Düsseldorfer **PAUL JANES** wurde in der Vorkriegszeit zur Verteidiger-Legende. Seine 71 Länderspiel-Einsätze waren bis 1970 einsamer Rekord.

Zusammen mit Ernst Kuzorra zog der Filigrantechniker **FRITZ SZEPAN** beim FC Schalke 04, dem Serienmeister der 1930er Jahre, das berühmte Kreiselspiel auf. Auch in der Nationalelf sorgte er mit seinen millimetergenauen Flachpässen für eine bis dahin noch nicht gesehene Spielkultur. Auf den Läuferpositionen überzeugten ab Mitte der 1930er Jahre die beiden Schweinfurter **ALBIN KITZINGER** und **ANDREAS KUPFER.** Kitzinger zeichnete sich durch Dynamik und Spielübersicht aus, der kompromisslose Kupfer war ein gefürchteter Zerstörer.

Fritz Szepan (links) und Torhüter Willibald Kreß waren in den 1930er Jahren große Stars.

Deutsche Nationalspieler am Badestrand. Von links: Goldbrunner, Lehner, Hohmann, Jakob, Urban, Sold, Trainer Herberger. Liegend: Münzenberg.

EUGEN KIPP, listiger und trickreicher Stürmer von den Stuttgarter Sportfreunden, erzielte 1909 beim 1:0 gegen die Schweiz den ersten Siegtreffer für die Nationalelf. Vor dem Ersten Weltkrieg war er Rekordnationalspieler. Der treffsichere Torjäger **GOTTFRIED FUCHS** bildete zusammen mit **FRITZ FÖRDERER** und **JULIUS HIRSCH** beim damaligen Spitzenverein Karlsruher FV ein berühmtes Stürmer-Trio. Bei Altona 93 erwarb sich der ballgewandte **ADOLF JÄGER** den Ruf, einer der besten Angreifer des deutschen Fußballs zu sein. Der wuchtige Brecher **OTTO HARDER** begann seine Karriere in Braunschweig und wurde als „Tull" beim Hamburger SV zum Starstürmer.

Adolf Jäger

RICHARD HOFMANN, hochbegabter Straßenfußballer, dann Torjäger und „König" von Meerane 07 und dem Dresdner SC, schoss in 25 Einsätzen für den DFB sagenhafte 24 Tore. **OTTO SIFFLING** von Waldhof Mannheim galt als eines der größten deutschen Stürmertalente, war aber auch für seine Launen gefürchtet. Seinen größten Tag hatte er am 16. Mai 1937, als er in Breslau beim 8:0 gegen Dänemark fünf Tore erzielte. **EDMUND CONEN** aus dem Moselstädtchen Ürzig war ein intelligenter und ballsicherer Stürmer. Im Schnitt schoss er in fast jedem seiner 28 Länderspiele ein Tor. **ERNST LEHNER,** Rechtsaußen der legendären „Breslau-Elf", traf oft auch noch aus spitzem Winkel ins Netz. Der langjährige Rekordspieler (65 Einsätze) blieb seine gesamte Karriere dem durchschnittlichen Team von Schwaben Augsburg treu. Im Trikot des Dresdener SC wurde der spätere Herberger-Nachfolger **HELMUT SCHÖN,** genannt „der Lange", als eleganter Klassestürmer berühmt.

Eugen Kipp, einer der besten Spieler der Vorkriegszeit, verlor im Ersten Weltkrieg ein Bein und musste seine Karriere beenden.

GOLDENE JAHRE

Die Nationalmannschaft 1955 – 1978

WM-Vierter 1958
Vize-Weltmeister 1966
WM-Dritter 1970
Europameister 1972
Weltmeister 1974
Vize-Europameister 1976

WM 1958 Bitteres Aus im Halbfinale

In den Jahren nach dem WM-Triumph 1954 konnte die Nationalmannschaft nur noch selten überzeugen. Es gab zahlreiche Niederlagen, nicht nur gegen große Nationen wie England, sondern auch gegen „kleine" Länder wie die Schweiz.
Zur WM 1958 in Schweden trat Bundestrainer Herberger noch mit einigen der „Helden von Bern" an, darunter Fritz Walter und „Boss" Helmut Rahn. Die Deutschen erreichten das Halbfinale, wo sie Gastgeber Schweden aber mit 1:3 unterlagen. Manche fühlten sich ungerecht behandelt, weil die schwedischen Spieler sehr hart eingestiegen waren, den einzigen Platzverweis aber die Deutschen kassierten. Doch das Revanchefoul, zu dem sich Erich Juskowiak hatte hinreißen lassen, ließ dem Schiedsrichter keine Wahl. Dass die Deutschen nicht mehr die beste Mannschaft stellten, zeigte sich im Spiel um den 3. Platz, das mit 3:6 gegen Frankreich deutlich verloren ging. Weltmeister wurden die Brasilianer mit ihrem jungen Superstar Pelé. Sie fegten Schweden mit 5:2 vom Platz.

1964 Sepp Herberger dankt ab

Herberger hatte Probleme damit, den Generationenwechsel zu bewerkstelligen. Zwar baute er einige junge Spieler wie Uwe Seeler in die Nationalelf ein, aber er traute ihnen noch nicht zu, eine Mannschaft zu führen. Vor der WM 1962 in Chile versuchte er, den inzwischen 41-jährigen Fritz Walter zu einem Comeback zu überreden, doch der lehnte ab. Deutschland schied bereits im Viertelfinale aus, wo es mit 0:1 gegen Jugoslawien verlor.
Anschließend wurde Herberger scharf kritisiert. Er habe die Mannschaft viel zu defensiv und starr spielen lassen, hieß es. Andere Nationen wie etwa Brasilien spielten bereits 1958 ein 4-2-4-System, in dem sich die Spieler wesentlich flexibler bewegen konnten. Sepp Herberger trat 1964 zurück.

Einführung der Bundesliga
Bundestrainer Sepp Herberger kritisierte jahrelang das System des deutschen Vereinsfußballs. In den fünf Oberligen gab es seiner Meinung nach zu wenige hochklassige Begegnungen, in denen die Nationalspieler ernsthaft gefordert waren. In Deutschland müsse daher endlich eine erste Liga eingeführt werden. Das schlechte Abschneiden des deutschen Teams bei der WM 1962 bestätigte seine Ansichten und beschleunigte die Planungen einer solchen Liga. Am 24. August 1963 startete endlich die erste Bundesliga-Saison. Bald darauf durften die Fußballer als Vollprofis nun auch richtig viel Geld verdienen.

Erich Juskowiak wurde im Halbfinale der WM 1958 vom Platz gestellt.

Das „Wembley-Tor“: Der deutsche Keeper Hans Tilkowski streckt sich vergeblich. Der Ball prallt von der Torlatte nach unten und landet – vor oder hinter der Linie?

Eine neue Generation

Mit Helmut Schön als neuem Bundestrainer startete die Nationalmannschaft in ihre bisher erfolgreichste Ära. Als Erste der „Goldenen Generation“, die nun folgte, stießen Franz Beckenbauer und Wolfgang Overath zur Nationalmannschaft. Bei der WM 1966 in England, dem Mutterland des Fußballs, errang die deutsche Elf einen Achtungserfolg: Sie gelangte ins Finale und unterlag dort dem Gastgeber nur äußerst knapp. Das 3:2 für die Engländer ging als „Wembley-Tor“ in die Geschichte ein, denn lange Zeit blieb umstritten, ob der Ball tatsächlich die Linie überschritten hatte. Inzwischen haben mehrere Studien bewiesen: Er hatte es nicht.

WM 1970

„Jahrhundertspiel“ gegen Italien

Vor der WM 1970 in Mexiko war der Umbruch im deutschen Team weitergegangen; Sepp Maier als neue Nr. 1, Berti Vogts als zuverlässiger Manndecker und Gerd Müller als unvergleichlicher Torjäger waren hinzugekommen. Die wichtigsten neuen Spieler stammten entweder vom FC Bayern oder von Borussia Mönchengladbach, deren große Zeit damals begann.

Im Viertelfinale gelang gegen England nach einem 0:2-Rückstand noch ein 3:2 und damit die Revanche für die Endspiel-Niederlage von 1966. Danach kam es im Halbfinale gegen Italien zum legendären „Jahrhundertspiel“. Es gilt als eine der besten Partien, die es jemals bei einem WM-Turnier gab. In der glühenden Hitze des Aztekenstadions gingen die Italiener bereits in der 7. Minute in Führung. Sie hielten das 1:0 mit ziemlich groben Mitteln, bis Deutschland in der letzten Minute noch ausgleichen konnte.

In der Verlängerung lieferten sich die völlig erschöpften Spieler einen atemberaubenden Schlagabtausch: 2:1 Müller (95.), 2:2 Burgnich (98.), 2:3 Riva (103.), 3:3 Müller (110.), 3:4 Rivera (112.). Die deutsche Elf hatte verloren und wurde dennoch für eine überragende Leistung gefeiert. Wenige Tage später sicherte sie sich mit einem 1:0-Sieg gegen Uruguay noch den 3. Platz.

EM 1972

Glanzpunkt im Wembleystadion

EM-Viertelfinale gegen England: Uli Hoeneß (Mitte) vollführt Freudensprünge nach seinem Treffer zum 1:0.

Vor der EM 1972 hatte Helmut Schön weitere junge Spieler berufen: Günter Netzer, Uli Hoeneß und Paul Breitner. Die „Goldene Generation" war damit komplett und hatte bald ihren ganz großen Auftritt: im Viertelfinale gegen England. Es wurde im Londoner Wembleystadion eine legendäre Begegnung.

Uli Hoeneß erzielte die 1:0-Führung, danach berannten die Engländer das Tor von Sepp Maier. In der 77. Minute fiel der Ausgleich. Einige Minuten später wurde Sigfried Held im Strafraum gefoult: Günter Netzer verwandelte den Elfmeter zur Führung. Drei Minuten später dann das 3:1 durch Gerd Müller. Es war ein historischer Triumph: Erstmals hatte ein deutsches Team im Mutterland des Fußballs gewonnen! Selbst englische Journalisten, die deutsche Spieler bis dahin meist als tumbe „Panzer" dargestellt hatten, waren vom feinen Spiel der deutschen Elf begeistert. Ein 0:0 im Rückspiel sicherte die Teilnahme an der Endrunde, die damals mit nur vier Teams durchgeführt wurde.

Nach einem 2:1 gegen Gastgeber Belgien bezwang Deutschland im Finale von Brüssel die Sowjetunion mühelos mit 3:0. Zweimal Gerd Müller sowie Herbert Wimmer krönten mit ihren Toren eine überlegene spielerische Leistung. Diese Mannschaft von 1972 wurde von den Experten als „beste deutsche Mannschaft aller Zeiten" bezeichnet. Angeführt von den genialen Technikern Franz Beckenbauer und Günter Netzer, die sich im Spielaufbau abwechselten, demonstrierte sie leichtfüßige Fußballkunst vom Feinsten. So etwas hatte man nie zuvor von deutschen Fußballern gesehen.

Regisseur Günter Netzer (rechts) auf dem Weg zum Europameistertitel 1972.

Die Blamage von Tirana

An den ersten Europameisterschaften 1960 und 1964 hatte der DFB nicht teilnehmen wollen. Für das EM-Turnier 1968 hatte er sich dann angemeldet – doch die Nationalelf versagte in der Qualifikation. Ausgerechnet gegen den Fußballzwerg Albanien kam sie in Tirana über ein 0:0 nicht hinaus. Es war die bisher größte Blamage für das deutsche Nationalteam und das einzige Mal, dass es in der Qualifikation für eine EM oder WM scheiterte.

Die Europameister von 1972

Finale 1974: Müller hat zum 2:1 abgezogen – und Deutschland ist Weltmeister!

WM 1974

Weltmeister in München

Nach dem grandiosen EM-Sieg galt Deutschland auch als Favorit bei der WM 1974 im eigenen Land. Doch der Weg ins Endspiel fiel der Elf schwer. In der Vorrunde kam es zum einzigen Aufeinandertreffen der Nationalteams aus beiden deutschen Staaten. Die DDR-Kicker siegten 1:0, und die westdeutsche Startruppe geriet schwer in die Kritik. Besser wurde es in der Zwischenrunde, als sie gegen Jugoslawien, Schweden und Polen gute Leistungen zeigte und alle Spiele gewann. Der 1:0-Sieg gegen die starken Polen ging als „Wasserschlacht von Frankfurt" in die WM-Geschichte ein. Nach einem sintflutartigen Wolkenbruch glich der Rasen einer Seenlandschaft, ein technisch anspruchsvolles Flachpass-Spiel war unmöglich.

Gegner beim Finale im Münchner Olympiastadion waren die Holländer. Mit ihrem großartigen Spielmacher Johan Cruyff hatten sie bisher attraktiveren Fußball geboten als die Deutschen um „Kaiser" Franz Beckenbauer. Aber die erste Halbzeit war ausgeglichen. Nach zwei Elfmetern stand es 1:1. Dann, in der 43. Minute, folgte der Auftritt von Gerd Müller: Ballannahme, Drehung, Schuss, Tor – und es stand 2:1.

In der zweiten Halbzeit stürmten die „Oranjes" wie entfesselt und nahmen das deutsche Tor unter Dauerbeschuss. Doch mit einer Portion Glück und einem überragenden Torwart Sepp Maier rettete das deutsche Team das Ergebnis über die Zeit. Deutschland durfte zum zweiten Mal die Weltmeister-Trophäe in Empfang nehmen!

WM-Prämien
Für den Gewinn des WM-Titels erhielten die Spieler, die hartnäckig um eine hohe Prämie gekämpft hatten, 35.000 Euro und ein VW-Cabrio. Das war eine wesentliche Steigerung gegenüber 1954, als es 1.250 Euro sowie einen Fernseher und andere Kleinigkeiten für jeden Spieler gegeben hatte. Bis 2006 steigerte sich die Titelprämie, die immer vor den Turnieren vom DFB ausgelobt wurde, auf 300.000 Euro.

Beckenbauer mit WM-Pokal.

Die Weltmeister von 1974

EM 1976
Die „Nacht von Belgrad“

So sieht Verzweiflung aus: Uli Hoeneß nach seinem verschossenen Elfmeter.

Beinahe hätte die deutsche Mannschaft den historischen Hattrick geschafft: nach der EM 1972 und der WM 1974 auch die EM 1976 zu gewinnen. Doch sie scheiterte denkbar knapp. Auch ohne Gerd Müller und Wolfgang Overath, die ihre Länderspielkarriere beendet hatten, war das DFB-Team ins Finale gelangt, das in Belgrad stattfand. Gegner war die Tschechoslowakei, die rasch mit 2:0 in Führung gehen konnte. Erst in der allerletzten Spielminute gelang Bernd Hölzenbein der Ausgleich.

Da die Verlängerung torlos verlief, musste erstmals bei einem großen Turnier ein Elfmeterschießen entscheiden. Die Tschechoslowaken legten vor, die Deutschen zogen nach. So blieb es bis zum siebten Elfmeter. Beim Stand von 3:4 trat Uli Hoeneß an. Er geriet beim Schuss in Rücklage, und der Ball stieg in den Nachthimmel von Belgrad. Anschließend schlenzte Antonin Panenka den Ball frech mitten ins Tor – die Tschechoslowakei war Europameister!

WM 1978
Die „Schmach von Córdoba“

Obwohl die DFB-Elf mit Karl-Heinz Rummenigge inzwischen einen treffsicheren und technisch starken Torjäger gefunden hatte, waren ihre Auftritte bei der WM 1978 in Argentinien alles andere als attraktiv. Nach einem Sieg und vier Unentschieden hing es vom Spiel gegen Österreich ab, ob man das Finale noch erreichen konnte. Doch es wurde die „Schmach von Córdoba“.

Beim Stand von 2:2 – schon das ein großer Erfolg für den Außenseiter Österreich – drängte Deutschland zwar auf den Sieg, doch den entscheidenden Treffer erzielte der Wiener Hans Krankl zwei Minuten vor dem Abpfiff. „I werd' narrisch“, schrie der begeisterte österreichische Reporter Edi Finger in sein Mikrofon. Die Deutschen waren ausgeschieden.

Bundestrainer Helmut Schön trat nach der WM von seinem Posten zurück. Er hatte das Ende seiner Karriere schon lange zuvor angekündigt.

Weder Rolf Rüssmann (links) noch Sepp Maier (am Boden) oder Bernard Dietz können die Schmach von Córdoba verhindern: Hans Krankl (rechts) erzielt das 3:2 für Österreich.

DIE STARS 1955 – 1970

Keine Schuhe
Willi Schulz saß bei der WM 1970 bis zuletzt nur auf der Ersatzbank und war entsprechend unzufrieden. Als er erfuhr, dass er beim Spiel um den 3. Platz in der zweiten Halbzeit zum Einsatz kommen sollte, hatte er keine Lust mehr. In der Kabine sagte er zu Bundestrainer Schön, dass er seine Schuhe vergessen habe und deswegen nicht spielen könne. Willi Schulz durfte nie mehr das Nationaltrikot tragen.

Deutschland hatte bei den Weltmeisterturnieren 1958, 1962, 1966 und 1970 tolle Teams, auch wenn ihnen kein Titelgewinn gelang. Im Tor gab es bei jedem Turnier einen Wechsel: 1958 hieß die deutsche Nr. 1 **FRITZ HERKENRATH,** ein Essener Lehrer, der wegen seiner schönen Flugparaden den Ehrennamen „fliegender Schulmeister" erhielt. 1962 stand überraschend der junge **WOLFGANG FAHRIAN** im deutschen Kasten, zum großen Ärger von **HANS TILKOWSKI,** der weniger spektakulär, aber umso zuverlässiger hielt. Der Dortmunder Borusse kam erst 1966 zum Zug. **ERTL ERHARDT,** knorriger Stopper der SpVgg Fürth, stand schon 1954 im deutschen WM-Kader. Als er 1963 abdankte, war er mit 50 Einsätzen Nachkriegs-Rekordnationalspieler. Auch der eisenharte Düsseldorfer Verteidiger **ERICH JUSKOWIAK,** wegen seiner Schussstärke als „Hammer" gerühmt, hatte viele Jahre einen festen Platz in der Herberger-Auswahl. **HORST SZYMANIAK** stieg 1956 als linker Läufer des Wuppertaler SV zum Nationalspieler auf. „Schimmi", ein auch kämpferisch überzeugender Techniker, zählte ein Jahrzehnt lang zum Stamm der DFB-Elf.

Der HSV-Abwehrchef **WILLI SCHULZ** kickte bei der WM 1966 so überragend, dass er in Anspielung auf das damalige WM-Maskottchen den Spitznamen „World-Cup-Willi" erhielt. Der blonde Verteidiger **KARL-HEINZ SCHNELLINGER** spielte in Italien beim AC Mailand und nahm an vier Weltmeisterschaften teil (1958-1970). Das Mittelfeld-Ass **HELMUT HALLER,** ebenfalls blond und ebenfalls in Italien unter Vertrag, zeigte bei der WM in England seine überragende Technik. Der nimmermüde Mittelstürmer **UWE SEELER** war in Hamburg ein Idol und in der Nationalelf viele Jahre unverzichtbar. Gegen Ende seiner Karriere bildete er bei der WM 1970 in Mexiko ein gefährliches Duo mit Gerd Müller. Berühmt wurde sein kurioser Hinterkopf-Treffer gegen England bei diesem Turnier.

Feste Größen der Nationalelf in den 1960er Jahren: Uwe Seeler und Horst Szymaniak.

Hans Tilkowski

Karl-Heinz Schnellinger

Der Kaiser
Franz Beckenbauer

Er gehörte weltweit zu den vier besten Fußballern des 20. Jahrhunderts: Franz Beckenbauer wird stets in einem Atemzug genannt mit Pelé, Maradona und Johan Cruyff. Kein anderer deutscher Nationalspieler konnte bisher einen solchen Ruhm für sich verbuchen wie der „Kaiser“.

Sein Nationalmannschaftsdebüt gab der Münchner am 26. September 1965, nur zwei Wochen nach seinem 20. Geburtstag. Da hatte er gerade mal sechs Bundesliga-Spiele absolviert! Das zeigt, wie sehr Beckenbauer als absolutes Ausnahmetalent wahrgenommen wurde. Seine Ballbehandlung war phänomenal; wenn er das Leder am Fuß führte, wirkte das immer leicht und elegant. Er schuf eine neue Rolle für den Libero: nicht mehr als kantiger Ausputzer alter Schule, sondern als kreativer Lenker des Spiels. Beckenbauer wurde als Nationalspieler 1972 Europameister und 1974 Weltmeister. Auch mit dem FC Bayern holte er alles, was zu gewinnen war: Deutsche Meisterschaft (viermal), DFB-Pokal (viermal), Europapokal der Landesmeister (dreimal), Weltpokal und Europapokal der Pokalsieger (je einmal). Darüber hinaus gelang ihm etwas, was außer ihm nur ein anderer Fußballer schaffte (der Brasilianer Zagallo): eine WM nicht nur als Spieler zu gewinnen, sondern anschließend auch als Trainer. 1990 war das, in Rom. 2006 holte der Mann mit dem goldenen Händchen das WM-Turnier nach Deutschland (einige Journalisten behaupteten: auch mithilfe von Schmiergeldzahlungen) und sorgte, wie manche witzelten, durch seinen guten Draht zum Wettergott gleich noch für dauerhaften Sonnenschein beim Sommermärchen.

Libero
Früher hieß der letzte Mann in der Abwehrkette „Stopper“ oder „Ausputzer“. Er verließ seine Abwehrposition nie und hatte die Aufgabe, gefährliche Situationen durch Wegschlagen des Balles zu bereinigen. An seine Stelle trat mit Franz Beckenbauer der „freie Mann“, der „Libero“. Der erfüllte nicht nur Abwehraufgaben, sondern schaltete sich bei Ballbesitz spielgestaltend in den Angriff ein. Während er bei der WM 1966 noch im Mittelfeld spielte, demonstrierte Beckenbauer bei der EM 1972 das Libero-Spiel in Perfektion.

Elegante Ballführung: Franz Beckenbauer.

DIE STARS 1970 – 1978

Gerd Müllers Rekorde
Gerd Müller schoss
... in 62 Länderspielen 68 Tore (= Quote 1,1)
... im WM-Turnier 1970 (6 Spiele) 10 Tore
... in der Bundesliga-Saison 1971/72 40 Tore
... in 427 Bundesliga-Spielen 365 Tore
... im Jahr 1972 in 60 Pflichtspielen 85 Tore (erst 2012 übertroffen von Lionel Messi).

TOR: Die Europa- und Weltmeister von 1972 und 1974 gelten auch als die „Goldene Generation" im deutschen Fußball des 20. Jahrhunderts. Der geschmeidige Ballfänger **SEPP MAIER,** seit 1962 beim FC Bayern im Tor, überzeugte als Weltklasse-Torhüter bei vier Weltmeisterschaften. Gleichzeitig war er aber auch ein ausgesprochener Witzbold und hätte wohl auch als Clown Karriere machen können.

DEFENSIVE: In seinen zwölf Jahren bei den Bayern und in über 100 Länderspielen gewann **FRANZ BECKENBAUER** jeden Titel, den ein Fußballer erringen kann (siehe Extraseite). Der kantige Bayern-Vorstopper **HANS-GEORG SCHWARZENBECK** hat als Beckenbauer-Helfer Karriere gemacht: Wenn der Libero nach vorne ging, dann sicherte ihn der immer zuverlässige „Katsche" nach hinten ab. Der Bremer **HORST-**

Europameister 1972, hinten v.l.: Franz Beckenbauer, Bundestrainer Helmut Schön, Hans-Georg Schwarzenbeck, Jupp Heynckes, Gerd Müller, Horst-Dieter Höttges, Günter Netzer. Vorne v.l.: Erwin Kremers, Herbert Wimmer, Paul Breitner, Sepp Maier, Uli Hoeneß.

DIETER HÖTTGES erwarb sich in den 1960er Jahren einen furchterregenden Ruf als „Eisenfuß“. Borussia Mönchengladbachs kleiner Verteidiger **BERTI VOGTS** wurde „Terrier“ genannt, weil er sich in jedem seiner Spiele in den Gegner verbiss. Bei den Bayern in München machte der Außenverteidiger **PAUL BREITNER** nicht nur sportlich auf sich aufmerksam, sondern auch mit seinem Afro-Look sowie mit forschen Sprüchen. Bei der WM 1982 sollte er dann der unumstrittene Chef werden – sowohl als Wortführer wie als Dirigent im Mittelfeld.

MITTELFELD: **GÜNTER NETZER,** der ballgewandte Regisseur von Borussia Mönchengladbach, dirigierte die Nationalelf zum EM-Titel von 1972. Sowohl im Verein als auch im DFB-Dress wurde er unterstützt von dem fleißigen Dauerläufer Herbert Wimmer. Bei der WM 1974 kam der Supertechniker **WOLFGANG OVERATH,** Spielmacher des 1. FC Köln, für Netzer ins Spiel. An seiner Seite spielten der dynamische Gladbacher Mittelfeldspieler **RAINER BONHOF** sowie der sprintstarke **ULI HOENESS.** Zwei weitere Kölner, der defensive **BERND CULLMANN** und der offensive **HEINZ FLOHE,** bewährten sich als Alternativen für das Mittelfeld.

OFFENSIVE: Der unvergleichliche Torjäger **GERD MÜLLER** konnte sich mit seinen kurzen, kräftigen Beinen im Strafraum so schnell bewegen wie kein anderer. Er traf so oft, dass seine Art des Toreschießens bald „müllern“ hieß. Der WM-Torschützenkönig von 1970 hält eine Reihe von Rekorden, die vermutlich für die Ewigkeit gelten (siehe Kasten). **JUPP HEYNCKES,** die große Stürmer-Legende von Borussia Mönchengladbach, überzeugte bei der EM 1972 als Rechtsaußen. An seiner Stelle stürmte im WM-Finale von 1974 der dribbelstarke **JÜRGEN GRABOWSKI** von Eintracht Frankfurt. Ebenfalls in Frankfurt unter Vertrag stand damals der Linksaußen, der schlitzohrige **BERND HÖLZENBEIN.** Er hatte den flinken Schalker Erwin Kremers beerbt, der zwei Jahre zuvor das EM-Finale bestritten hatte.

Paul Breitner

Wolfgang Overath

Immer für einen Spaß zu haben: Torwart Sepp Maier.

Erschöpft und glücklich nach dem gewonnenen WM-Finale 1974 (v.l.n.r.): Hans-Georg Schwarzenbeck, Gerd Müller, Berti Vogts und Franz Beckenbauer.

TRÄNEN UND TRIUMPHE

Die Nationalmannschaft 1979–2004

Europameister 1980, 1996

Weltmeister 1990

Vize-Weltmeister 1982, 1986, 2002

Vize-Europameister 1992

Europameister 1980 in Rom

Unter Helmut Schöns Nachfolger, seinem ehemaligen Assistenten Jupp Derwall, legte die Nationalmannschaft eine Serie von 23 Spielen ohne Niederlage hin. Auch bei der EM-Endrunde 1980 in Italien startete sie mit zwei Siegen – 1:0 gegen die Tschechoslowakei und 3:2 gegen die Niederlande. Ein 0:0 gegen Griechenland zum Abschluss reichte für den Gruppensieg und damit auch für den direkten Einzug ins Finale von Rom. Der Gegner dort war die Überraschungsmannschaft aus Belgien, die in ihrer Gruppe die Topteams von England, Spanien und Italien ausgeschaltet hatte. Horst Hrubesch, der vom jungen Regisseur Bernd Schuster in Szene gesetzt wurde, brachte das deutsche Team bereits in der 10. Minute in Führung. In der zweiten Halbzeit glichen die Belgier per Foulelfmeter aus. Die Entscheidung fiel in der 89. Minute, als Hrubesch nach einer Rummenigge-Flanke den Kopf an den Ball brachte und einnetzte.

In der 89. Minute köpft Horst Hrubesch im EM-Finale gegen Belgien das Tor zum entscheidenden 2:1. Links Bernd Schuster.

Die Europameister von 1980

*55. CULLMANN

Die Europameister von 1980. Hinten von links: Rummenigge, Schumacher, Cullmann, Schuster, Briegel, Hrubesch, Stielike, Trainer Derwall. Vorne von links: Allofs, Kaltz, Dietz, Förster und Hansi Müller.

Das „Monster“ von Sevilla
Mit zwei gehaltenen Schüssen war Torwart Toni Schumacher der Held des Elfmeterschießens im Halbfinale von Sevilla bei der WM 1982. Doch zuvor war er zum Buhmann geworden. In der zweiten Halbzeit der regulären Spielzeit sprang er dem alleine auf sein Tor zulaufenden Patrick Battiston aus vollem Lauf entgegen und traf ihn mit seiner Hüfte brutal im Gesicht. Der Franzose wurde mit gebrochenem Halswirbel bewusstlos vom Platz getragen. Schumacher, der sich zunächst nicht entschuldigte, wurde von der französischen Presse als „Monster“ und „deutsche Bestie“ angeprangert.

1982 Legendäres WM-Halbfinale

Bei der WM 1982 fielen die deutschen Spieler in der Vorrunde unangenehm auf, weil sie – genau wie ihre Gegner aus Österreich – den Ball fast 80 Minuten lang nur hin- und herschoben. Nach elf Minuten stand es nämlich 1:0 für Deutschland, und das war ein Resultat, mit dem beide Mannschaften eine Runde weiterkamen. Opfer dieses „Nichtangriffspakts“ im Stadion von Gijón war Algerien, das unverdient ausschied.

Berühmt bei dieser WM wurde auch das Halbfinale gegen Frankreich: durch einen überharten Einsatz von Torhüter Toni Schumacher, bei dem der Franzose Patrick Battiston schwer verletzt wurde; durch das Fallrückzieher-Traumtor, mit dem Klaus Fischer den 3:3-Ausgleich erzielte; durch das dramatische Elfmeterschießen, das erst im sechsten Durchgang durch Horst Hrubesch entschieden wurde. Deutschland stand im Endspiel, verlor dort aber mit 1:3 gegen Italien.

1984 Der „Kaiser“ übernimmt

Als Bundestrainer war Jupp Derwall nie ganz unumstritten, weil die Spielweise seines Teams nicht sehr ansehnlich war. Als auch noch die Erfolge ausblieben, war die Zeit des grauhaarigen „Häuptlings Silberlocke“ abgelaufen.

Bei der EM 1984 schied Deutschland erstmals bei einem großen Turnier in der Vorrunde aus. Das entscheidende Spiel ging 0:1 gegen Spanien verloren. Anschließend musste Derwall gehen. Sein Nachfolger wurde ein Mann, der gar keine Trainerlizenz besaß. Aber was machte das schon, wenn er Beckenbauer hieß? Nun wurde er halt nicht Trainer, sondern „Teamchef“ genannt.

Unter Beckenbauer ging es wieder bergauf. Bei der WM 1986 erreichte die DFB-Elf das Finale (2:3-Niederlage gegen Argentinien mit Maradona), bei der EM 1988 im eigenen Land das Halbfinale (1:2 gegen Turniersieger Niederlande).

Der berühmte Künstler Miró gestaltete ein Plakat zur WM 1982 in Spanien.

Klaus Fischers spektakulärer Fallrückzieher zum 3:3 im Halbfinale gegen Frankreich wurde später zum „Tor des Jahres“ gewählt.

WM 1990

Der Triumph von Rom

Bei der WM in Italien traf Deutschland im Achtelfinale wieder einmal auf den alten Rivalen Niederlande. Es wurde eine prickelnde Partie. In der 22. Minute flog der Niederländer Frank Rijkaard vom Platz, nachdem er Rudi Völler angespuckt hatte. Seltsamerweise musste auch Völler gehen. Jürgen Klinsmann blieb als einziger deutscher Stürmer übrig und machte mit Wut im Bauch das beste Spiel seiner Karriere. In der 51. Minute erzielte er das 1:0. Andreas Brehme erhöhte in der 85. Minute auf 2:0. Rudi Völler war gerächt.

Nach einem knappen 1:0 gegen die Tschechoslowakei sowie einem starken Halbfinale gegen England, das erst im Elfmeterschießen entschieden wurde, stand das deutsche Team zum dritten Mal hintereinander im WM-Finale. Das hatte bis dahin noch keine Fußballnation geschafft. Wie 1986 hieß der Gegner Argentinien.

Dessen Superstar Maradona hatte aber seine beste Zeit hinter sich. Die Deutschen spielten überlegen und gerieten nie in Bedrängnis. Dennoch wurde die Partie erst in der 85. Minute entschieden. Da kam Rudi Völler im Strafraum des Gegners zu Fall, und Andreas Brehme versenkte souverän den fälligen Elfmeter. Deutschland war zum dritten Mal Weltmeister!

Die Weltmeister von 1990

*74. REUTER

Die schönsten Beckenbauer-Sprüche bei der WM 1990

„Ihr Blinden! Ihr Topfenkicker! Ihr seid's die größten Deppen!“ *Nach dem knappen 1:0 im Viertelfinale*

„Es tut mir leid für den Rest der Welt, aber diese Mannschaft wird auf Jahre hinaus nicht zu schlagen sein.“ *Nach dem Finale*

Deutschland ist Weltmeister! Riesenjubel bei Andy Brehme, Pierre Littbarski und Lothar Matthäus.

Riesenjubel nach Bierhoffs „Golden Goal"! Jürgen Klinsmann und Thomas Häßler sind die ersten Gratulanten.

„AUF EINEN MEHR ODER WENIGER KOMMT'S DOCH AUCH NICHT AN."

Berti Vogts' Frau Monika auf die Frage ihres Mannes, ob er Oliver Bierhoff, der beim italienischen Verein Udine kickte, mit zur EM nehmen solle

EM 1996

Golden Goal zum Titel

Nach dem WM-Sieg von 1990 hatte Berti Vogts die Nachfolge von Teamchef Franz Beckenbauer angetreten. Unter seiner Leitung formierte sich nach der deutschen Wiedervereinigung nun erstmals seit dem Zweiten Weltkrieg ein gesamtdeutsches Team. Die Bilanz des Bundestrainers Berti Vogts wurde durchwachsen. Bei den WM-Turnieren 1994 und 1998 enttäuschte seine Elf und flog schon im Viertelfinale raus. Auf europäischer Bühne präsentierte man sich besser und wurde Vize-Europameister 1992 und Europameister 1996.

Der Erfolg von 1996 wurde im Mutterland des Fußballs errungen, in England. Wichtigster Spieler im deutschen Team neben Jürgen Klinsmann war Matthias Sammer, der den Antreiber im Mittelfeld gab. Er war einer der Kicker, die aus der DDR stammten und nach der Wiedervereinigung nun die DFB-Auswahl verstärkten. Sammer und Klinsmann sorgten mit ihren Treffern im Viertelfinale für den 2:1-Sieg gegen Kroatien. Im Halbfinale trafen die Deutschen auf Gastgeber England. Wieder einmal kam es zum Elfmeterscheißen – und wieder einmal gewannen die Deutschen.

Im Finale gegen Tschechien geriet Deutschland schnell mit 0:1 in Rückstand. Doch dann wurde der eingewechselte Stürmer Oliver Bierhoff zum Matchwinner. In der 73. Minute gelang ihm der Ausgleich und in der Verlängerung das „Golden Goal". Das hieß so, weil damals die Regel galt: Wer in der Verlängerung ein Tor erzielt, hat gewonnen, denn mit diesem Treffer ist das Spiel sofort beendet.

Die Europameister von 1996

*46. BODE, **69. BIERHOFF

1998 – 2004 Deutschlands Fußball in der Krise

Nun folgten einige Jahre, in denen die Nationalmannschaft nur selten für positive Schlagzeilen sorgte. Nach dem sang- und klanglosen Ausscheiden bei der WM 1998 war Bundestrainer Berti Vogts zurückgetreten, doch unter seinem Nachfolger Erich Ribbeck wurde alles noch schlimmer.

Bei der EM 2000 in Belgien und den Niederlanden gab es nur armselige Vorstellungen: 1:1 gegen Rumänien, 0:1 gegen England und schließlich 0:3 gegen Portugal. Deutschland war damit bereits nach der Vorrunde ausgeschieden. Der erfolglose Erich Ribbeck wurde entlassen.

2002 Ein Lichtblick in Fernost

Eigentlich war als neuer Chefcoach der damalige Trainerstar Christoph Daum vorgesehen, doch der wurde kurz vor Amtsantritt des Drogenmissbrauchs überführt. So sprang der allseits beliebte Rudi Völler ein und weckte neue Hoffnungen. Tatsächlich erreichte seine Elf bei der WM 2002 in Japan und Korea das Finale. Allerdings hatte das Team um Torhüter Oliver Kahn und Regisseur Michael Ballack auf dem Weg dorthin ziemlich viel Glück, denn in den K.-o.-Spielen begegnete man eher schwächeren Gegnern: Paraguay, USA und im Halbfinale Korea.

Erst im Finale traf man auf ein Schwergewicht, nämlich Brasilien. Die Deutschen spielten mutig und gut, aber nach einem Patzer des ansonsten hervorragenden Oli Kahn verloren sie gegen Ronaldo, Rivaldo und Ronaldinho mit 0:2.

Diese Vize-Weltmeisterschaft blieb ein kurzer Lichtblick, denn bei der EM zwei Jahre später gab es wieder nur deutschen „Rumpelfußball“ zu sehen. Erneut schied man in der Vorrunde aus, und Rudi Völler warf entnervt hin. Die deutsche Nationalelf suchte einen Retter.

Titan Kahn
Der beste deutsche Spieler bei der WM 2002 war Torhüter Oliver Kahn, der sein Team mehrfach vor Niederlagen bewahrte. Die Presse taufte ihn „King Kahn“ und „Titan Kahn“. Er wurde mit dem „Goldenen Handschuh“ als bester Keeper ausgezeichnet und auch mit dem „Goldenen Ball“ als bester Spieler des Turniers.

Der Anfang vom Ende im Finale: Ronaldo trifft gegen Oliver Kahn zum 1:0.

Sprüche von Lothar Matthäus

„Wir dürfen jetzt nur nicht den Sand in den Kopf stecken."

„Der Schuh weiß am besten, wo ihn der Fuß drückt."

„Ein Wort gab das andere – wir hatten uns nichts zu sagen."

„Ein Lothar Matthäus lässt sich nicht von seinem Körper besiegen."

UNGELIEBTES IDOL: LOTHAR MATTHÄUS

Die Bilanz der Karriere von Lothar Matthäus liest sich erstaunlich:

- Als einziger Feldspieler der Welt hat er fünf WM-Turniere absolviert.
- Dabei absolvierte er 25 Endrundeneinsätze – Weltrekord!
- Für Deutschland stand er in 150 A-Länderspielen auf dem Platz – Rekord.
- Er ist der bisher älteste Spieler, der für die deutsche Nationalelf gekickt hat: Bei seinem letzten Länderspiel war er 39 Jahre alt.
- Zweimal war er Weltfußballer des Jahres: 1990 und 1991.
- Siebenmal ist er mit dem FC Bayern München Deutscher Meister geworden.

Auf dem Platz war Matthäus ein zäher und dynamischer Antreiber, der in schwierigen Situationen oft die Initiative an sich riss und dadurch ein Spiel entscheiden konnte. Einige Male war er schwer verletzt, doch jedes Mal kämpfte er sich beharrlich wieder zurück. So wurde er zum Idol vieler Fußballfans. Doch gleichzeitig nervte Matthäus auch viele Menschen. Er redete einfach zu viel, und nicht immer besonders klug. Außerdem stänkerte er oft gegen Kollegen wie Jürgen Klinsmann. Die Bayern waren am Ende so genervt von ihm, dass Uli Hoeneß sagte: „Lothar Matthäus wird bei uns nicht mal Greenkeeper!"

WM-Finale 1990: Lothar Matthäus attackiert Diego Maradona. In den 1980er Jahren galten die beiden als beste Fußballer der Welt.

DIE STARS 1979 – 2004

TOR: Viele deutsche Spieler wurden zweimal Vize-Weltmeister. Einer von ihnen war Torwart **HARALD SCHUMACHER,** der sich nach seinem Vorgänger im Kölner Tor „Toni“ nannte. Als Nationalkeeper zeigte er sich immer nervenstark, hin und wieder allerdings auch übermotiviert. Darin ähnelte er **OLIVER KAHN,** der manchmal sogar den eigenen Mitspieler attackierte, wenn er sich über ihn geärgert hatte. „King“ Kahn war ein Weltklasse-Keeper und 1999 „Welttorhüter des Jahres“, doch nur bei der WM 2002 trug er das Nationaltrikot mit der Nr. 1.

DEFENSIVE: **MANFRED KALTZ** vom Hamburger SV, der Erfinder der „Bananenflanke“, war in den 1970er Jahren als Rechtsverteidiger einer der besten Spieler im Nationaldress. **BERNARD DIETZ,** Europameister 1980 und ein unermüdlicher Kämpfer aus dem Ruhrgebiet, war einer der wenigen Nationalspieler des MSV Duisburg. Eine Zeit lang trug er im DFB-Team sogar die Kapitänsbinde. Der bärenstarke frühere Zehnkämpfer **HANS-PETER BRIEGEL,** der stets ohne Schienbeinschoner spielte, war in den 1980er Jahren als Verteidiger gesetzt. Der kopfballstarke Stuttgarter **GUIDO BUCHWALD** war bei der WM 1990 der beste deutsche Verteidiger. Weil er dabei auch gut dribbelte, bekam er in Anlehnung an Maradona den Spitznamen „Diego“. Als kampfstarker Fels in der Innenverteidigung erwies sich der unverwüstliche Stopper **JÜRGEN KOHLER. CHRISTIAN WÖRNS,** wie Kohler bei Waldhof Mannheim als erbarmungsloser Manndecker ausgebildet, verbiss sich in jeden Gegner. Andreas Brehme konnte mit rechts und links gleich gut schießen und wurde von Beckenbauer als der „kompletteste“ Fußballer gelobt. **CHRISTOPH METZELDER** stieg bei der WM 2002 zum Verteidiger von internationalem Format auf und wurde später von Real Madrid verpflichtet.

MITTELFELD: **ULI STIELIKE,** der ab 1977 für acht Jahre bei Real Madrid kickte, baute das Spiel von hin-

Harald Schumacher

Christian Wörns

Weltmeister! Stars im Finale 1990 im Jubel vereint. Von links: Andreas Brehme, Jürgen Klinsmann, Rudi Völler, Stefan Reuter, Pierre Littbarski.

ten auf. Sein Konkurrent als Regisseur im Mittelfeld war der heutige Trainer **FELIX MAGATH.** Rekord-Nationalspieler **LOTHAR MATTHÄUS** glänzte als dynamischer Dampfmacher – siehe die Extraseite über ihn. Der kleine **THOMAS HÄSSLER** brillierte als hakenschlagender Dribbler und gefährlicher Freistoßschütze. **MATTHIAS SAMMER** überzeugte sowohl in der Nationalmannschaft der DDR als auch in der gesamtdeutschen Nationalmannschaft als dynamischer Antreiber. Höhepunkt in der Karriere des rothaarigen „Feuerkopfes" war der Gewinn der Europameisterschaft 1996. **STEFAN EFFENBERG** fiel im DFB-Dress vorwiegend mit giftigen Sprüchen und Gesten auf. Der Bayern-Supertechniker **MEHMET SCHOLL** war viele Jahre von Mädchen umschwärmt. Vor großen Turnieren war er leider meist verletzt. Nur bei der EM 1996 war er dabei und wurde Europameister. **MICHAEL BALLACK,** um

Der Titan im Tor: Oliver Kahn.

Michael Ballack: energischer Antreiber.

2000 herum Deutschlands einziger Feldspieler von Weltklasse, galt als willensstarker Anführer und torgefährlicher Mittelfeldspieler. An seiner Seite spielte oft **BERND SCHNEIDER**, der wegen seiner technischen Fähigkeiten auch „der weiße Brasilianer“ genannt wurde.

OFFENSIVE: Der heutige Bayern-Chef **KARL-HEINZ RUMMENIGGE** beeindruckte nicht nur mit Bodybuilder-Oberschenkeln, sondern auch mit enormer Schnelligkeit und Torgefahr. Der Schalker **KLAUS FISCHER** war für die besonders schönen Tore zuständig. Wenn der flinke **RUDI VÖLLER** am Ball war, raunte das Publikum „Ruuuudi“ – denn dann war Gefahr im Verzug. Mit **JÜRGEN KLINSMANN,** der wie ein junges Fohlen stets etwas staksig über den Platz galoppierte, bildete er viele Jahre ein perfektes Duo. **MARCO BODE,** von dem man nie wusste, ob er nun Mittelfeldspieler oder Stürmer war, galt lange Zeit nur als zweite Wahl. Bei der WM 2002 zählte er dann zu den wertvollsten Spielern und bewies auch Torgefahr.

Schnell und torgefährlich: Karl-Heinz Rummenigge.

EM-Helden von 1996. Hinten von links: Markus Babbel, Oliver Bierhoff, Matthias Sammer, Stefan Reuter, Dieter Eilts, Thomas Helmer. Vorne von links: Christian Ziege, Jürgen Klinsmann, Andreas Köpke, Andreas Möller, Thomas Häßler.

LAUTER SOMMER-MÄRCHEN

Die Nationalmannschaft 2005–2016

WM-Dritter 2006
Vize-Europameister 2008
WM-Dritter 2010
EM-Halbfinale 2012
Weltmeister 2014
EM-Halbfinale 2016

2005/06 WM-Vorbereitung mit vielen Gegentoren

Erlösung in letzter Minute: Oliver Neuville trifft zum 1:0 gegen Polen.

Jürgen Klinsmann, der überraschend zum Völler-Nachfolger berufen wurde, wollte die Nationalmannschaft auf die anstehende Heim-WM in Deutschland möglichst professionell vorbereiten. Daher führte er zahlreiche Neuerungen ein, etwa amerikanische Fitnesstrainer, einen Scout für die Gegneranalyse oder einen Psychologen. Nicht alle Experten sahen das positiv. Außerdem wurde er dafür kritisiert, dass er zu viele unerfahrene Spieler einsetzte und einen sehr riskanten Offensivfußball spielen ließ, der häufig zu vielen Gegentoren führte. Unter anderem zeigten das die Spiele beim Confederations Cup 2005. Da verlor das deutsche Team im Halbfinale gegen Brasilien mit 2:3 und gewann im Spiel um den 3. Platz gegen Mexiko nur knapp mit 4:3. Den Fans jedoch hatte der neue deutsche Hurra-Stil Spaß gemacht. Nach einer 1:4-Niederlage in einem als Härtetest angesetzten Spiel gegen Italien am 1. März 2006 glaubten jedoch auch die Optimisten nicht mehr, dass Klinsmanns Team eine Chance auf den WM-Titel haben könnte.

WM 2006 Mit Begeisterung ins Viertelfinale

Deutschland, das sich als Gastgeber nicht hatte qualifizieren müssen, startete gegen Costa Rica wie erwartet in die WM: vorne hui, hinten pfui. Furiose Angriffe führten zu vier Toren, allerdings offenbarte die Abwehr bei zwei Gegentoren die bekannten Schwächen. Jürgen Klinsmann und sein Assistenztrainer Jogi Löw reagierten und ließen das Team fortan defensiver spielen. Tatsächlich brannte im zweiten Spiel gegen Polen hinten nichts mehr an, allerdings wollten nun vorne keine Tore mehr fallen. Erst kurz vor Schluss gelang dem eingewechselten Oliver Neuville auf Vorlage des ebenso neu ins Spiel gekommenen Flügelsprinters David Odonkor der erlösende Treffer zum 1:0. Das 3:0 gegen Ecuador im letzten Gruppenspiel und vor allem das souveräne 2:0 gegen Schweden im Achtelfinale ließen hoffen, dass das Team nun seine Balance gefunden hatte.

Das offizielle Plakat zur WM 2006 in Deutschland.

Achtelfinale gegen Schweden: Miroslav Klose gratuliert dem zweimaligen Torschützen Lukas Podolski.

WM 2006 Elfmetertöter Lehmann

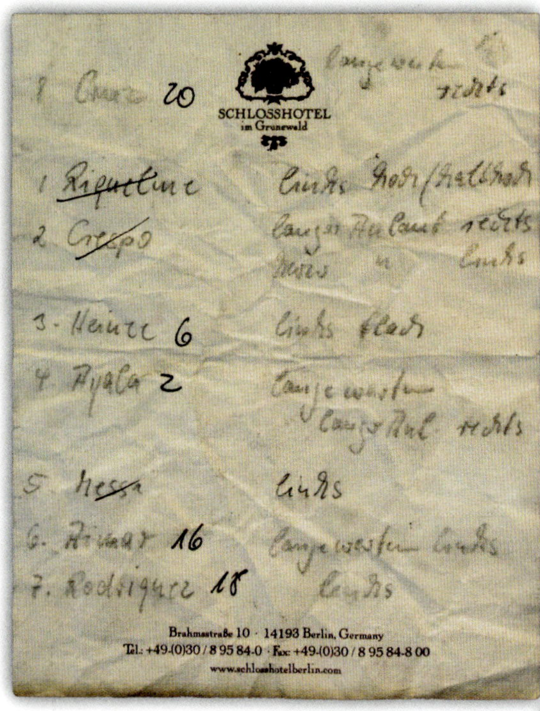

Der berühmte Zettel: Dank ihm hielt Lehmann im Elfmeterschießen gegen Argentinien gleich zweimal.

Gegen den Mitfavoriten Argentinien kam es im Viertelfinale zu einem ausgeglichenen, engen Spiel. Die Südamerikaner spielten zunächst stark auf und gingen nach einem Eckball in Führung. Die Deutschen drängten gegen den nun fast nur noch defensiv agierenden Gegner auf den Ausgleich. Doch erst zehn Minuten vor dem Abpfiff erzielte Miroslav Klose per Kopf das 1:1. Nach einer torlosen Verlängerung musste das Elfmeterschießen entscheiden. Oliver Kahn, der vor der WM seinen Stammplatz im Tor verloren hatte, wünschte seinem Nachfolger Jens Lehmann viel Glück. Und Torwarttrainer Andreas Köpke steckte ihm einen Zettel zu, auf dem das Schussverhalten aller Argentinier vermerkt war. Lehmann studierte vor jedem Schuss den Zettel, steckte ihn dann wieder in seinen Stutzen – und hielt zweimal den Ball. Deutschland gewann das Elfmeterschießen mit 4:2.

Gekauftes Sommermärchen?
Über die Vergabe eines WM-Turniers entscheidet das FIFA-Exekutivkomitee, eine Art Weltregierung des Fußballs. Der beliebte Franz Beckenbauer hatte die schwierige Aufgabe übernommen, die Mehrheit dieser Herren davon zu überzeugen, dass Deutschland ein ideales Gastgeberland für die WM 2006 sei. Das ist ihm gelungen. Doch als später bekannt wurde, dass in der FIFA Bestechungen und unsaubere Geschäfte an der Tagesordnung waren, fiel auch ein Schatten auf das deutsche „Sommermärchen". Im Oktober 2015 verdächtigte die Zeitschrift *Der Spiegel* Beckenbauer und den damaligen DFB-Präsidenten Niersbach, einige Stimmen mit Bestechungsgeldern aus einer „schwarzen Kasse" erkauft zu haben. Beide haben das bestritten, aber Niersbach musste als DFB-Präsident zurücktreten.

Auf ihn mit Gebrüll: Nach dem Elfmeterschießen waren alle Spieler sofort bei Jens Lehmann. Von links: Metzelder, Odonkor, Lehmann, Frings, Friedrich, Neuville

Weltmeister
der Herzen

Im Halbfinale gegen Italien offenbarte das deutsche Team Mängel im Spielaufbau. Es fehlte der Defensiv-Organisator Torsten Frings, der sich wegen eines Gerangels nach dem Argentinien-Spiel eine Sperre eingehandelt hatte. Die Italiener ließen kaum Torchancen zu und machten ihrerseits immer wieder gefährliche Vorstöße. Treffer wollten jedoch keine fallen, daher ging es erneut in die Verlängerung. In der 118. Minute mussten die inzwischen stark erschöpften und immer mehr wankenden Deutschen das 0:1 hinnehmen. Zum Aufbäumen fehlte ihnen jetzt die Kraft. Ein zweiter Treffer der Italiener kurz vor dem Abpfiff entschied das Spiel endgültig. Die Enttäuschung war groß. Während die Italiener ins Endspiel einzogen, das sie gegen Frankreich – nach einem Platzverweis für dessen Superstar Zinedine Zidane – im Elfmeterschießen gewannen, blieb für Deutschland nur das „kleine Finale“. Doch ein 3:1-Sieg gegen Portugal im Spiel um den 3. Platz sorgte für einen versöhnlichen Abschluss. In einem tollen Turnier mit großartiger Stimmung hatte sich eine deutsche Mannschaft, der zuvor kaum etwas zugetraut worden war, sehr gut präsentiert. Deutschland war zwar – zum dritten Mal nach 1934 und 1970 – „nur“ WM-Dritter geworden, aber die deutschen Fans waren nicht enttäuscht. Sie feierten ihr sympathisches und spielfreudiges Team als „Weltmeister der Herzen“.

Deutschland, ein Sommermärchen: Während der WM 2006 wurde überall in Deutschland, wie hier in Stuttgart, friedlich gefeiert.

Die schönsten WM-Sprüche

„Seine Wade ist noch nicht da, wo sie hin muss.“ *Jürgen Klinsmann zum Verzicht auf Michael Ballack im Eröffnungsspiel gegen Costa Rica*

„Der Miro ist seit Monaten in bestechlicher Form.“ *Jürgen Klinsmann nach dem 3:0-Sieg gegen Ecuador, bei dem Miroslav Klose zweimal traf*

„Die Gefühle sind mit mir Gassi gegangen.“ *Jürgen Klinsmann zu seiner Befindlichkeit beim Elfmeterschießen gegen Argentinien*

„So ist Fußball. Manchmal gewinnt der Bessere.“ *Lukas Podolski nach dem 0:2 im Halbfinale gegen Italien*

Bastian Schweinsteiger – hier im Zweikampf mit Cristiano Ronaldo – glänzte mit zwei Treffern im kleinen Finale gegen Portugal.

„Schweini“ und „Poldi“ feiern nach dem Sieg gegen Portugal im Viertelfinale.

EM 2008

Bergtour ohne Gipfel-Glück

Am 1. August 2006 trat der ehemalige Co-Trainer Jogi Löw die Nachfolge des ausgepowerten Jürgen Klinsmann an. Der Fußball-Tüftler, der schon seit 2004 der Hauptverantwortliche bei der Trainingsgestaltung und der taktischen Ausrichtung war, machte seine Arbeit gut. Deutschland qualifizierte sich mühelos für die EM 2008. Der Kader für das in den Alpenländern Österreich und Schweiz stattfindende Turnier wurde von Löw auf der Zugspitze, dem mit knapp 3000 Metern höchsten Berg Deutschlands, bekanntgegeben. Schließlich lautete das Motto für das Turnier „Bergtour“. Genauso beschwerlich sei der Weg zum Titel, meinte Löw.

Es wurde eine Bergtour mit zwischenzeitlichen Abstiegen. In der Vorrunde gelang es dem deutschen Team, kampfstarke Polen mit 2:0 zu schlagen – es war der erste deutsche Sieg in einem EM-Spiel seit zwölf Jahren! Schon im nächsten Spiel aber folgte ein bitterer Rückschlag. Das 1:2 gegen Kroatien bedeutete, dass man das dritte Spiel gegen Österreich unbedingt gewinnen musste. Eine Menge Mühe, Kampfkraft und ein Freistoß-Hammer von Michael Ballack waren nötig, um ein knappes 1:0 gegen den EM-Gastgeber zu erreichen. Im Viertelfinale gegen Portugal konnten die Deutschen erstmals wirklich überzeugen und gewannen hochverdient mit 3:2. Das Halbfinale gegen die Türkei verlief turbulent und teilweise chaotisch. 0:1, 1:1, 2:1, 2:2, 3:2 lautete die Torfolge. Philipp Lahm erzielte erst in der Schlussminute den Siegtreffer.

Im Finale blieb Löws Team gegen das mit traumhafter Sicherheit vorgetragene Kurzpassspiel der Spanier nahezu chancenlos. Die 0:1-Niederlage war deutlicher, als es das Ergebnis vermuten lässt. Das spielerische Vermögen der deutschen Mannschaft reichte nicht, um gegen ein Spitzenteam wie Spanien bestehen zu können.

Neues Spielsystem
Das Viertelfinale gegen Portugal musste Jogi Löw in einer Kabine auf der Tribüne verfolgen, als Strafe für sein angeblich ungebührliches Benehmen beim Spiel gegen Österreich. Sein Assistent Hansi Flick betreute das Team auf der Bank. Das Wesentliche hatten die beiden aber natürlich vorab besprochen: nämlich die taktische Umstellung von einem System mit vier Mittelfeldspielern und zwei Stürmern (4-4-2) auf eines mit nur einem Stürmer und fünf Mittelfeldspielern (4-5-1). Tatsächlich wurde das deutsche Spiel durch die Umstellung wesentlich flexibler.

Halbfinale gegen die Türkei: Philipp Lahm erzielt den entscheidenden Treffer zum 3:2.

Das offizielle Plakat zur WM 2010 in Südafrika.

WM 2010
Tolle Spiele

Das deutsche Team reiste 2010 ohne den verletzten Kapitän Michael Ballack zur WM nach Südafrika. Nach einer durchwachsenen Vorrunde stand im Achtelfinale wieder einmal der Klassiker gegen England auf dem Programm. Deutschland begeisterte mit überfallartigen Angriffen und tollen Ballstafetten. Ein bisschen Glück kam hinzu. Als der Engländer Lampard abzog, prallte der Ball von der Latte ab und landete klar hinter der Torlinie. Es hätte 2:2 stehen müssen. Der Schiedsrichter aber gab das Tor nicht, so dass später alle deutschen Zeitungen von der „Rache für Wembley" schrieben. Gemeint war das WM-Finale 1966, als der Ball beim 3:2 der Engländer nicht hinter der Linie war, aber dennoch als Treffer gewertet wurde. Zwei weitere Tore von Thomas Müller sorgten dann aber dafür, dass über die Sache nicht allzu lange diskutiert wurde. An diesem Tag war Deutschland einfach klar besser.

Im Viertelfinale folgte gegen Argentinien ein weiterer WM-Klassiker. Der junge Thomas Müller – er wurde später zum besten Nachwuchs-Star der WM gekürt –, zweimal Alt-Torjäger Miroslav Klose und Verteidiger Arne Friedrich mit seinem ersten Länderspieltor krönten eine der besten Leistungen, die jemals von einem deutschen Team zu sehen war. Weltweit schwärmten die Fußballexperten und die Fans nach diesem berauschenden 4:0. Mit rasanten Traumkombinationen hatte die junge deutsche Elf das Fußball-Schwergewicht Argentinien um Superstar Lionel Messi an die Wand gespielt.

Doch im Halbfinale hatten Jogis Jungs erneut gegen Spanien das Nachsehen. In der 73. Minute köpfte Carles Puyol bei einer der zahlreichen Chancen der Spanier zum spielentscheidenden Tor ein. So blieb Deutschland wie 2006 statt dem großen nur das kleine Finale. Es wurde ein munteres Spiel gegen Uruguay, das mit einem 3:2-Sieg der DFB-Elf und dem 3. Platz endete. In einem äußerst hart geführten Endspiel um die WM-Krone setzte sich Spanien mit 1:0 gegen die Niederlande durch.

Stimmen zur WM 2010

„Wunderheiler und Knochenwerfer habe ich noch nicht gesehen." *Arne Friedrich über südafrikanische Bräuche*

„1966 ist es anders ausgegangen, jetzt steht es 1:1." *Miroslav Klose nach dem nicht gegebenen „Wembley-Tor" gegen England*

„Das ist die größte Kacke, die passieren kann, wenn man da oben sitzt und nichts tun kann." *Nationalspieler Thomas Müller, der wegen einer Gelbsperre im Halbfinale auf der Tribüne saß*

Auch von John Terry nicht zu stoppen: Thomas Müller traf gegen England gleich zweimal.

Vorrunden-Aufreger 1
Der ARD-Experte Mehmet Scholl kritisierte beim Spiel gegen Portugal den Sturmer Mario Gomez – trotz seines Siegtores – in ungewohnter Härte. „Ich hatte zwischendrin Angst, dass er sich wund gelegen hat, dass man ihn wenden muss", maulte er. Ein moderner Stürmer müsse auch nach hinten laufen und dürfe nicht nur vorne auf Pässe und Flanken lauern. Immerhin: Wenn die Pässe und Flanken kamen, wie im Spiel gegen die Niederlande, dann traf Gomez auch.

EM 2012

Siege in der „Todesgruppe"

Mehmet Scholl

Zehn Spiele musste die deutsche Mannschaft auf dem Weg zur EM in Polen und der Ukraine bestreiten. Keiner der fünf Gegner – Türkei, Österreich, Belgien, Kasachstan und Aserbaidschan – schaffte gegen die DFB-Auswahl auch nur ein Unentschieden. Schon nach dem achten Spiel, einem 6:2 gegen Österreich, waren Jogis Jungs vorzeitig für die EM 2012 qualifiziert. Auch die letzten Spiele endeten siegreich, so dass Deutschland als einzige Mannschaft alle zehn Spiele gewonnen hatte. Eine derart gute Qualifikation hatte noch keine DFB-Auswahl hingelegt.
Bei der Auslosung der Vorrundengruppen für die EM hatte Deutschland diesmal nicht das sonst typische Losglück. Für die Spiele in den ukrainischen Städten Lemberg und Charkiw wurden mit Portugal, den Niederlanden und Dänemark ausnahmslos schwere Brocken gezogen. Einige Experten sprachen gar von einer „Todesgruppe". Jogi Löws Mannschaft konnte die schwere Aufgabe dennoch makellos lösen: Sie wurde mit drei Siegen Gruppenerster und blieb als einziges Team überhaupt in der Vorrunde ohne Punktverlust. Doch so überlegen, wie es diese Zahlen ausdrücken, war die deutsche Elf nicht. Die Siege gegen Portugal und Dänemark waren äußerst knapp. Nur beim 2:1 gegen die Niederlande überzeugte die Löw-Elf mit hohem Tempo, perfekter Taktik und toller Technik.

Gut gemacht! Deutscher Jubel nach Gomez' Treffer zum 1:0 gegen die Niederländer.

Wieder mal raus gegen Italien

Zum Viertelfinale stellte Jogi Löw sein Team um. Gomez, Podolski und Müller blieben auf der Bank, dafür stürmten Klose, Reus und Schürrle. Es war eine gute Entscheidung. Die neuformierte Elf überrannte ein extrem defensives, aber dennoch chancenloses Team aus Griechenland mit 4:2. Die deutschen Tore waren allesamt schön anzuschauen, als Vollstrecker traten auf: Philipp Lahm, Sami Khedira, Miroslav Klose und Marco Reus. Dass die Griechen ihrerseits zu zwei Treffern kamen, war ein kleiner Schönheitsmakel. Trotzdem glaubte kaum jemand, dass man sich wegen deutscher Defensivschwächen allzu große Sorgen machen müsste.

Im Halbfinale galt es, die unberechenbaren Italiener zu schlagen. Jogi Löw hatte auch dafür wieder einen Plan. Er bot Toni Kroos auf, der die Kreise des Spielmachers Andrea Pirlo stören sollte. In der Anfangsphase war die DFB-Elf die bestimmende Mannschaft und erarbeitete sich einige Chancen zur Führung. Doch dann zeigte sich, dass die deutsche Taktik nicht aufging. Weil sich Kroos zu sehr in die Mitte orientierte, taten sich auf der rechten Abwehrseite Lücken auf. Immer wieder kamen von dort gefährliche Flanken vors deutsche Tor. In der 20. Minute passierte es: Der wuchtige Mittelstürmer Mario Balotelli setzte sich von seinem Bewacher ab und köpfte unhaltbar für Manuel Neuer ein.

Und die Italiener blieben gefährlich – und schafften in der 36. Minute sogar einen zweiten Treffer. Montolivos tödlicher Pass durchschnitt die orientierungslose deutsche Abwehr, Philipp Lahm kam gegen Balotelli zu spät, und der drosch den Ball mit Vollspann ins rechte Toreck. Damit war das Spiel entschieden. Zwar gelang Mesut Özil in der Nachspielzeit per Handelfmeter noch der Anschlusstreffer, aber für eine Wende war es da bereits zu spät. Deutschland verlor 1:2 und war raus. Italien aber unterlag im Finale der besten Nationalelf jener Jahre: Spanien.

Vorrunden-Aufreger 2
Im Spiel gegen die Ukraine konnte der englische Verteidiger John Terry einen Ball erst hinter der Torlinie wegschlagen. Weil das der Torrichter nicht sah, wurde kein Treffer gegeben. Die FIFA beschloss daher wenig später, künftig eine technische Überwachung der Torlinie zu erlauben.

Mario Balotelli wirft sich nach seinem 2:0 in Triumphpose – Philipp Lahm ist bedient.

WM 2014: Der Weg nach Brasilien

Das Team von Jogi Löw hatte immer wieder bewiesen, dass es einen attraktiven Fußball spielen und auch starke Gegner besiegen konnte. Oft genug schwärmten Fans und Medien über die Spielkünste von Philipp Lahm, Bastian Schweinsteiger, Mesut Özil, Toni Kroos oder Thomas Müller. Und doch waren sie nun in vier großen Turnieren hintereinander im Titelrennen knapp gescheitert: im Finale der EM 2008 und jeweils im Halbfinale der WM 2006, WM 2010 und EM 2012. Bei der Weltmeisterschaft 2014 sollte es nun endlich mit einem Titelgewinn klappen. Leicht war das nicht: Der Gastgeber hieß Brasilien und war natürlich Favorit. Noch nie hatte eine europäische Mannschaft ein WM-Turnier gewonnen, das in Südamerika stattfand.

Die Qualifikation lief reibungslos, denn die DFB-Elf blieb in allen zehn Spielen unbesiegt. Nur einmal gab es heftiges Kopfschütteln bei den Zuschauern. Gegen den härtesten Konkurrenten Schweden boten Jogis Jungs eine Stunde lang Traumfußball und lagen im Berliner Olympiastadion 4:0 in Führung. Doch in der 62. Minute konnte Schwedens Superstar Zlatan Ibrahimovic auf 4:1 verkürzen, und bei den Deutschen ging die Ordnung komplett verloren. Nach 93 spektakulären Minuten stand es 4:4, und dem Bundestrainer wurde vorgeworfen, er vernachlässige die Defensive, um einen „Hurra-Fußball“ spielen zu können.

Traumquartier Campo Bahia

Als Mannschaftsquartier für die WM 2014 hatten Teammanager Oliver Bierhoff und Bundestrainer Jogi Löw das Resort Campo Bahia ausgewählt, als sich die luxuriöse Ferienanlage an der Atlantikküste noch im Bau befand. Die Entscheidung war daher riskant und umstritten. Doch die Ferienbungalows, die jeweils von einer „WG“ mit sechs Spielern bezogen wurden, konnten rechtzeitig fertiggestellt werden. Sie erwiesen sich als ideale Unterkunft, um zwischen den Spielen abzuschalten und neue Energie zu tanken. DFB-Präsident Wolfgang Niersbach sprach vom „besten Quartier aller Zeiten“.

Der Bundestrainer und sein Kapitän: Jogi Löw und Philipp Lahm auf einer Pressekonferenz 2013.

Jogis Jungs – mal grandios, mal rumpelig

Plakat zur WM 2014 in Brasilien.

In der Vorrunde hatte Deutschland eine recht starke Gruppe erwischt. Gegner waren Portugal (mit Superstar Ronaldo), Ghana (mit Jérôme Boatengs Bruder Kevin-Prince) und die USA (mit ihrem deutschen Trainer Jürgen Klinsmann). Der Auftakt war großes Kino: Deutschland besiegte Portugal mit 4:0, wobei allein Thomas Müller drei Treffer erzielte. Ronaldo und Co. hatten keine Chance; sie schieden nach der Vorrunde aus. Ganz sorgenfrei war Jogi Löw aber nicht. Im Mittelfeld wurde der verletzte Marco Reus vermisst, und Schweinsteiger sowie Khedira waren angeschlagen. So wurde Lahm als „Sechser" in die Mitte beordert. Dadurch aber fehlte Deutschland ein Außenverteidiger von Format, weshalb Löw eine Viererkette nur mit Innenverteidigern aufbot: neben den gesetzten Jérôme Boateng und Mats Hummels noch Per Mertesacker und Benedikt Höwedes. Nicht immer stimmte die Statik im deutschen Spiel. Gegen Ghana reichte es nur zu einem hart umkämpften 2:2, gegen die USA zu einem mühsamen 1:0.

Weil im Achtelfinale Hummels wegen einer Grippe ausfiel, wackelte die Defensive gegen Algerien bedenklich. Mehrfach musste Manuel Neuer weit raus und in Weltklassemanier als „falscher Libero" retten. Besser wurde es erst ab der 70. Minute, als Khedira im Mittelfeld Lahm ersetzte und der Kapitän dadurch auf die angestammte rechte Verteidigerposition zurückkehren konnte. In der Verlängerung gewann Deutschland mit 2:1.

Nun aber hatte die DFB-Elf ihre ideale Struktur gefunden, zumal auch Hummels gesund zurückkehrte. Im Viertelfinale gegen Frankreich besorgte er schon in der 13. Minute per Kopf das entscheidende 1:0.

Manu, der Libero
Im Achtelfinale gegen Algerien beeindruckte Manuel Neuer als „mitspielender Torwart", weil er weit vor seinem Kasten wie ein Libero auftrat und mehrfach brenzlige Situationen frühzeitig entschärfte. Damit hat der „das Torwartspiel revolutioniert", wie eine Zeitung schrieb. „Manu" lief in diesem Spiel 5,5 Kilometer (Verteidiger Mertesacker kam auf zehn) und spielte 42 Pässe. 19 seiner Ballkontakte hatte er sogar außerhalb des Strafraums. Keine Frage: Das war Weltklasse.

Manuel Neuer im Spiel gegen Algerien.

Brasilien ist geschockt, Klose setzt zum Rekordjubel an: Im Halbfinale gelang ihm der 16. Treffer bei einer WM. So viele schaffte bisher kein anderer Spieler.

7:1 – das Jahrhundertspiel

Das Halbfinale bei der WM 2014 wurde zu einem der größten und spektakulärsten Spiele in der Geschichte der deutschen Nationalmannschaft. Und zum traurigsten Tag in der Geschichte der brasilianischen Nationalelf, der ruhmreichen Seleção. Es war ein Spiel, das zur Legende werden wird; mehrere Bücher sind darüber geschrieben worden. Doch der Reihe nach.

Gastgeber Brasilien ging geschwächt in die Partie. Ihr bester Mann, der beliebte Neymar, war im Viertelfinale durch ein grobes Foul schwer verletzt worden. Neymar war der Einzige, der bei den Brasilianern spielerische Glanzlichter setzen konnte. Seine Mitspieler fielen eher durch harte Spielweise auf. Keine Spur mehr vom traditionellen „jogo bonito", dem „schönen Spiel". Dennoch: Schon wegen ihres Heimvorteils durfte man die Seleção nicht unterschätzen.

Doch den Deutschen gelang an diesem Tag alles: jeder Pass, jedes Dribbling, jeder Trick. Schon in der 11. Minute verwandelte Müller eine Ecke zum 1:0 – es war das 2.000. Tor der deutschen Länderspielgeschichte. Und wenig später begann die ganz große Show:

23. Minute: Klose schießt, Torhüter César wehrt ab, Klose setzt nach – 2:0.

24. Minute: Flanke Lahm, Volleyschuss Kroos – 3:0.

26. Minute: Kroos auf Khedira, Khedira auf Kroos – 4:0.

29. Minute: Khedira auf Özil, Özil auf Khedira – 5:0.

Vier Tore in weniger als sieben Minuten. Gegen Brasilien. Wahnsinn.

Am Ende hieß es 7:1. Die Elf von Bundestrainer Jogi Löw hatte Geschichte geschrieben. Auf den Fanmeilen feierte Fußball-Deutschland bis zum Abwinken. Und Brasilien weinte bittere Tränen.

Stimmen zum Spiel

„Das größte deutsche Spiel seit Bern 1954." *(Die Zeit)*

„Ein historisches Monumentalwerk." *(Frankfurter Allgem. Zeitung)*

„Brasilien wurde gedemütigt." *(Diario, brasilian. Zeitung)*

„Die Brasilianer wurden auseinandergenommen wie niemals zuvor in der Geschichte des Fußballs." *(L'Équipe, franz. Sportzeitung)*

WM-Finale: Götzes Geniestreich

*31. SCHÜRRLE, **88. GÖTZE, ***120. MERTESACKER

Nach dem grandiosen Sieg gegen Brasilien waren Jogis Mannen natürlich Favorit im Finale. Aber im berühmten Maracanã-Stadion von Rio mussten sie gegen Argentinien mit dem vierfachen Weltfußballer Lionel Messi antreten. Nach 1986 und 1990 war es das dritte WM-Endspiel, in dem die beiden Nationalteams aufeinandertrafen. 1986 hatte Argentinien gewonnen, vier Jahre später Deutschland.

Die Stärke der Argentinier bei diesem Turnier war nicht die Offensive um Messi, sondern die stabile Defensive. In drei K.-o.-Spielen hatte sie kein einziges Tor zugelassen. Weil auch die deutsche Verteidigung, vor allem Jérôme Boateng, im Finale stark spielte, waren echte Torchancen auf beiden Seiten selten.

Die Deutschen mussten den Ausfall von Khedira verkraften, der sich beim Aufwärmen verletzt hatte. Für ihn kam Christoph Kramer, der aber nach einer halben Stunde mit einer Gehirnerschütterung vom Platz musste. Ihn ersetzte Schürrle. Ganz stark spielte Bastian Schweinsteiger, der seinem Ruf als „emotionaler Leader“ gerecht wurde. Trotz einer Platzwunde unterm rechten Auge riss er seine Mitspieler immer mit, wenn es brenzlig wurde.

Torlos ging es in die Verlängerung, und in der 113. Minute passierte es: Schürrle setzte sich auf der linken Seite durch und flankte vors argentinische Tor. Dort nahm der inzwischen eingewechselte Mario Götze den Ball mit der Brust an und schoss im Fallen volley ins lange Toreck. Ein wunderbarer, technisch perfekter Treffer, der die Entscheidung bedeutete: Deutschland hatte seinen vierten Stern geholt.

Götzes geniales Tor, bei dem Argentiniens Torhüter Romero machtlos war.

EM 2016: Spannung pur

„MAL IST MAN DER HUND, MAL IST MAN DER BAUM."

Mario Götze während des EM-Turniers über die Kritik an seinem Auftritt

Nach dem WM-Triumph von Rio erklärten Kapitän Philipp Lahm und der 36-jährige Miroslav Klose ihren Rücktritt aus der Nationalmannschaft. Damit fehlten Jogi Löw zwei wichtige Stützen, die kaum zu ersetzen waren. Der deutsche Fußball verfügte zwar über mehrere Mittelfeldspieler von Weltklasseformat, über starke Innenverteidiger sowie den weltbesten Torwart. Aber die Außenbahnen und das Sturmzentrum blieben Problemzonen. Auch deshalb gestaltete sich die Qualifikation für die Europameisterschaft 2016 recht mühevoll. In Polen (0:2) und Irland (0:1) setzte es sogar Auswärtsniederlagen. Am Ende war die DFB-Elf zwar Gruppenerster, so richtig überzeugt hatte sie aber nicht.

Weil vor dem Turnier neben Ilkay Gündogan erneut Marco Reus verletzt ausfiel und Bastian Schweinsteiger angeschlagen und ohne Spielpraxis zum Turnier anreiste, hatte Jogi Löw erneut einige Probleme, die richtige Aufstellung zu finden. Zum Glück schlugen auf den Außenbahnen die jungen Spieler Jonas Hector und Joshua Kimmich prächtig ein, und auch der wiedererstarkte Mario Gomez überzeugte als Mittelstürmer.

Gewohnt souverän präsentierten sich die beiden Weltklasse-Innenverteidiger Jérôme Boateng und Mats Hummels; im Mittelfeld konnten vor allem Toni Kroos und Mesut Özil in einigen Partien glänzen, während der WM-Siegtorschütze Mario Götze manches Mal enttäuschte.

Gegen die schwache Ukraine gab es einen klaren 2:0-Auftaktsieg, doch gegen

Mit einer irren artistischen Aktion verhinderte Jérôme Boateng einen Gegentreffer der Ukrainer.

Der Fluch ist besiegt! Im dramatischen Elfmeterschießen triumphiert Deutschland im Viertelfinale über Italien. Die Mannschaft jubelt: Soeben hat Jonas Hector den entscheidenden Elfer versenkt.

die Polen mit ihrem Stürmerstar Lewandowski hatten die Deutschen schon mehr Mühe. 0:0 hieß es am Ende. Klare Angelegenheiten bedeuteten dann aber das letzte Gruppenspiel (1:0 gegen Nordirland) und das Achtelfinale (3:0 gegen die Slowakei).

Nun kam es zum Klassiker gegen Italien. Noch nie konnte Deutschland bei einem Turnier gegen die Azzurri gewinnen, aber oft stellten die Spiele wahre Dramen dar. Auch diesmal steigt die Spannung mit jeder Spielminute. Deutschland hat mehr vom Spiel, kann aber seine Chancen nicht verwerten. Endlich in der 65. Minute: Gomez passt zum durchlaufenden Hector, der bedient von links den heraneilenden Özil: 1:0! Ein unglückliches und ungewolltes Handspiel von Boateng macht die Partie wieder offen: Elfmeter, 1:1.

So geht es in die Verlängerung und schließlich ins Elfmeterschießen. Fast allen Spielern flattern die Nerven, einige verschießen. Neuer bleibt die Ruhe selbst, kann zwei Elfer parieren.

Schließlich ist Hector dran, als 18. (!) Schütze dieses Dramas. Beide Mannschaften haben fünfmal verwandelt. Wenn Hectors Schuss sitzt, steht Deutschland im Halbfinale – und er verwandelt, knapp nur, aber er verwandelt! Endlich ist Italien besiegt.

Der Preis ist hoch: Gomez verletzt, Hummels nach zwei unberechtigten Gelben Karten fürs Halbfinale gesperrt. Gegen Gastgeber Frankreich haben die Deutschen dennoch lange Zeit mehr vom Spiel, doch es gelingt ihnen kein Treffer. Nach Schweinsteigers völlig unverständlichem Handspiel mit anschließendem Strafstoß geraten sie vielmehr in Rückstand. Jogis Mannen kämpfen verzweifelt, aber als Frankreichs großartiger Stürmer Griezmann einen Konter zum 2:0 abschließen kann, ist das Spiel verloren.

Keine Frage: Da hat „Schweinis“ Hand nichts zu suchen. Der Blackout des Kapitäns leitete die Niederlage gegen Gastgeber Frankreich ein.

DIE STARS 2005–2016

TOR: **MANUEL NEUER** schaffte 2010 den Sprung ins Tor der Nationalelf. Er gilt als einer der Weltbesten zwischen den Pfosten und ist als Nr. 1 unangefochten. Der gebürtige Gelsenkirchener ist reaktionsschnell und fangsicher. Er operiert oft weit vor seinem Tor und glänzt außerdem mit einer extrem schnellen Spieleröffnung durch weite Abwürfe. Der beim FC Barcelona spielende **MARC-ANDRÉ TER STEGEN** ist ebenso wie der Hannoveraner **RON-ROBERT ZIELER** ein junger, souveräner und moderner Keeper. Beide sind fußballerisch und in der Spieleröffnung stark – doch fehlen ihnen noch die Erfahrung und Konstanz, die Neuer auszeichnen.

DEFENSIVE: Deutschlands bester Defensivmann beendete nach der WM 2014 leider seine Karriere: **PHILIPP LAHM**, der auch Mannschaftskapitän war. Beim FC Bayern spielt er noch und gilt weiterhin als bester Außenverteidiger der Welt. Er ist stark in der (immer fairen) Balleroberung wie auch in der Bewegung nach vorne. Manchmal wird er auch im defensiven Mittelfeld eingesetzt. Sein Münchner Mannschaftskollege **JÉRÔME BOATENG** ist ein Innenverteidiger von Weltklasse – schnell, ballsicher, zweikampfstark und mit enormer Übersicht. Wenn es sein muss, kann er aber auch als Außenverteidiger einen guten Job machen. Sein Partner in der deutschen Innenverteidigung ist **MATS HUMMELS**. Der Dortmunder Borusse kann fast schon prophetisch Spielsituationen vorausahnen und glänzt mit klugem Aufbauspiel. Vor dem gegnerischen Tor ist er kopfballstark – bei der WM 2014 erzielte er zwei wichtige Treffer.

HOLGER BADSTUBER hatte in der Vergangenheit mit großem Verletzungspech zu kämpfen und spielte daher nur selten in der Nationalelf. Wenn er fit ist, steht er ruhig wie ein Fels im Abwehrzentrum. Mit seinem starken linken Fuß eröffnet

Eine der großen Stärken von Manuel Neuer: präzise Abwürfe.

er Angriffe mit punktgenauen Pässen. In Brasilien vertrat ihn der Schalker Kapitän **BENEDIKT HÖWEDES**. Als unermüdlicher Kämpfer ist er ein Typ, der bei den Fans – vor allem im Ruhrpott – gut ankommt. Der manchmal etwas ungelenk wirkende, aber sehr zuverlässige **PER MERTESACKER**, heute beim FC Arsenal in London unter Vertrag, zählte viele Jahre zum Stamm der Nationalmannschaft. Nach der WM 2014 erklärte auch er seinen Rücktritt aus der Nationalelf. Auf den Außenbahnen erwiesen sich bei der EM 2016 links der Kölner **JONAS HECTOR** und rechts der Münchner **JOSHUA KIMMICH** als echte Entdeckungen.

Toni Kroos

MITTELFELD: **BASTIAN SCHWEINSTEIGER**, aufgewachsen im oberbayerischen Kolbermoor, wurde schon vor vielen Jahren von Jogi Löw zum „emotionalen Leader" der Nationalmannschaft ernannt. Eine Rolle, die der athletische und ballgewandte Mittelfeldspieler oft ausfüllte, am effektivsten im Finale der WM 2014. Als „Sechser" stand Schweinsteiger im Zentrum, wenn es um die Balleroberung ging, und wurde bei Ballbesitz zum ersten Ballverteiler und Taktgeber. 2015 wechselte er zu Manchester United. Nach der EM 2016 erklärte er seinen Rücktritt aus der Nationalmannschaft. Als starker „Sechser" im defensiven Mittelfeld hat sich auch **SAMI KHEDIRA** bewährt. Einst in Stuttgart ausgebildet, hat es der Mann mit tunesischen Wurzeln zum Stammspieler erst bei Real Madrid und dann bei Juventus Turin gebracht. Oft fällt er gar nicht so sehr auf, aber mit seinem klugen Stellungsspiel und seinen sicheren Pässen zieht er die Fäden im Mittelfeld.

Mit toller Technik und gefährlichen Freistößen glänzt **TONI KROOS**. 2014 wechselte er vom FC Bayern München zu Real Madrid. Kroos kann im Mittelfeld sowohl offensiv als auch defensiv spielen. Am besten aber, meint Jogi Löw, sei er auf einer Position dazwischen – nämlich als „Zwischenspieler". Der seit 2013 für den FC Arsenal in London zaubernde **MESUT ÖZIL** ist ein Virtuose am Ball. Er kann die entscheidenden Bälle genau getimt in die Spitze spielen. Dabei setzt er seine herausragende Technik selten spektakulär ein, sondern spielt die scheinbar einfachen Bälle wirksam und perfekt.

Kapitän Philipp Lahm ist einer der besten Außenverteidiger der Welt.

Bastian Schweinsteiger, lange Zeit der deutsche Antreiber Nr. 1.

OFFENSIVE: Dauerläufer **THOMAS MÜLLER** hat ein Gefühl für die richtigen Laufwege und einen tollen Torinstinkt. 2009/10 stieg er von der 2. Bayern-Mannschaft im Eiltempo zum Topspieler auf. Bei der WM 2010 in Südafrika wurde er nicht nur bester Nachwuchsspieler, sondern mit fünf Treffern und drei Torvorlagen auch Torschützenkönig. Auch bei der WM 2014 erzielte er fünf Tore. Müllers Stärke sind überraschende und für seine Gegner kaum auszurechnende Spielzüge.

MIROSLAV KLOSE, der 2011 vom FC Bayern nach Italien zu Lazio Rom wechselte, trat nach der WM 2014 aus der Nationalelf zurück. Mit 71 Treffern ist er Deutschlands erfolgreichster Torschütze und mit insgesamt 16 Treffern (bei vier WM-Teilnahmen) der erfolgreichste WM-Torschütze überhaupt. Kloses Markenzeichen waren gefährliche Kopfbälle. Besonders wichtige Tore feierte der in Polen geborene „Miro“ gerne mit einem Salto. Weil er zudem auch im offensiven Kombinationsspiel immer überzeugte, war er bei der Nationalmannschaft viele Jahre gesetzt.

MARIO GOMEZ ist mit 35 Mio. Euro Ablöse der bis heute teuerste Bundesliga-Stürmer. Nach einer gewissen Anlaufzeit schaffte der kantige und athletische Angreifer 2010/11 bei den Bayern den Durchbruch und wurde mit 28 Treffern Bundesliga-Torschützenkönig. Auch in der Nationalelf brauchte er etwas länger, um rundum anerkannt zu sein. Nach einigen schwächeren Jahren fand er bei Besiktas Istanbul und beim EM-Turnier 2016 zu alter Stärke zurück.

Sami Khedira, Antreiber Nr. 2.

Der mit dem Ball tanzt: Mesut Özil.

MARIO GÖTZE erzielte im Finale der WM 2014 den Siegtreffer und bewies dabei einmal mehr seine überragende technische Qualität. Er fungiert oft als „falscher Zehner“, d.h. er agiert nicht nur im Sturmzentrum, sondern stößt oft aus dem offensiven Mittelfeld oder von den Flügeln her in Richtung Tor vor. Beeindruckend ist seine perfekte Ballbehandlung auf engstem Raum. Götze erlebte seinen Durchbruch bei Borussia Dortmund (Bundesliga-Debüt im Alter von 17 Jahren und fünf Monaten) und wechselte 2014 für 37 Mio. Euro zum FC Bayern. In München wurde er aber nicht glücklich und kehrte 2016 zum BVB zurück. Dort spielt er nun neben zwei engen Kumpeln:

ANDRÉ SCHÜRRLE kam vom VfL Wolfsburg zum BVB, ein Stürmer, der vor allem bei blitzartig vorgetragenen Konter-Vorstößen gefährlich ist.

Auf Rekordjagd: Miroslav Klose.

MARCO REUS spielt seit 2012 für die Borussia seiner Heimatstadt. Nationalspieler wurde er allerdings schon bei der anderen Borussia aus Mönchengladbach. Reus kann gut kombinieren und genaue Vorlagen geben. Noch mehr begeistert er aber als Solist mit tollen Dribblings, Sprints und Torschüssen.

JULIAN DRAXLER, der bei Schalke 04 groß geworden ist, bewährte sich als dribbelstarker Mann des offensiven Mittelfelds schon oft in 1:1-Situationen.

LUKAS PODOLSKI spielt schon seit 2004 in der Nationalelf. Der auf der linken Seite beheimatete Offensivspieler verfügt über eine kraftstrotzende Dynamik sowie einen furchterregend harten (Links-) Schuss. Bei der WM 2006 wurde „Poldi“ zum besten Nachwuchsspieler des Turniers gewählt. Inzwischen kommt er nur noch selten zum Einsatz, zählt aber wegen seiner fröhlichen und unkomplizierten Art weiter zu den beliebtesten Spielern.

Jubeln am liebsten zusammen: Marco Reus und Mario Götze.

Thomas Müller: schnell und quirlig.

REKORDE

Bilanz
917 Spiele, 532 Siege, 185 Unentschieden, 200 Niederlagen, 2053:1088 Tore

Die meisten Zuschauer
Heimspiel: 115.000 (Stuttgart, 22.11.1950, 1:0 gegen die Schweiz)
Auswärtsspiel: 170.000 (Rio de Janeiro, 21.3.1982, 0:1 gegen Brasilien)

Höchste Siege
16:0 gegen Russland (1912)
13:0 gegen Finnland (1940)
13:0 gegen San Marino (2006)

Höchste Niederlagen
0:9 gegen England-Amateure (1909), 0:6 und 0:5 gegen Österreich (1931), 3:8 gegen Ungarn (1954)

Die längste Serie ohne Niederlage
23 Spiele (11.10.1978 – 3.12.1980)

Die meisten Spiele	(Spiele)
Lothar Matthäus	(150)
Miroslav Klose	(137)
Lukas Podolski	(129)
Bastian Schweinsteiger	(120)
Philipp Lahm	(113)
Jürgen Klinsmann	(108)
Jürgen Kohler	(105)
Per Mertesacker	(104)
Franz Beckenbauer	(103)
Thomas Häßler	(101)

Die meisten Tore in einem Spiel
Gottfried Fuchs: 10 Tore (Deutschland – Russland 16:0, 1912)

Am längsten ohne Gegentor
Jens Lehmann (681 Minuten / bis Mai 2008)

Jüngster Spieler
Willy Baumgärtner (1908): 17 Jahre 104 Tage

Ältester Spieler
Lothar Matthäus (2000): 39 Jahre 91 Tage

Ehrenspielführer:
Fritz Walter (1958)
Uwe Seeler (1972)
Franz Beckenbauer (1982)
Lothar Matthäus (2001)

Rekordnationalspieler Lothar Matthäus wird anlässlich seines 144. Länderspiels am 23. Februar 2000 geehrt.

Ewige WM-Tabelle

Land	Spiele	Tore	Punkte
1. Brasilien	104	221:102	227
2. Deutschland	106	224:121	218
3. Italien	83	128:77	156
4. Argentinien	77	131:84	140
5. Spanien	59	92:66	99
6. England	62	79:56	98

Ewige EM-Tabelle

Land	Spiele	Tore	Punkte
1. Deutschland	49	72:48	90
2. Frankreich	39	62:44	69
3. Spanien	40	55:36	68
4. Italien	38	39:27	64
5. Portugal	35	49:31	63
6. Niederlande	35	57:37	59

Die meisten Tore

Miroslav Klose	(71 Tore/137 Spiele)
Gerd Müller	(68/62)
Lukas Podolski	(48/129)
Rudi Völler	(47/90)
Jürgen Klinsmann	(47/108)
K.-H. Rummenigge	(45/95)
Michael Ballack	(42/98)
Oliver Bierhoff	(37/70)
Fritz Walter	(33/61)
Thomas Müller	(32/77)
Klaus Fischer	(32/45)
Ernst Lehner	(31/65)
Mario Gomez	(29/68)

Schon wieder ein Tor! Rekordtorjäger Gerd Müller freut sich über seinen Treffer zum Endstand von 3:0 im EM-Finale 1972 gegen die Sowjetunion.

Häufigste Gegner der Nationalmannschaft

	Sp	*S*	*U*	*N*
Schweiz	51	36	6	9
Österreich	39	25	6	8
Niederlande	40	15	15	10
Schweden	36	15	9	12
England	34	12	6	16
Ungarn	34	13	10	11
Italien	34	8	11	15

Ehrenspielführer unter sich: Fritz Walter, Franz Beckenbauer und Uwe Seeler.

Mindestens 15 Jahre Nationalspieler

Lothar Matthäus: 1980 – 2000 (150 Spiele)
Fritz Walter: 1940 – 1958 (61 Spiele)
Adolf Jäger: 1908 – 1924 (18 Spiele)
Uwe Seeler: 1954 – 1970 (72 Spiele)

Daten zur Nationalmannschaft der DDR

Bilanz (1952 – 1990):
293 Spiele, 138 Siege, 69 Unentschieden, 86 Niederlagen

Größte Erfolge:
Bronzemedaille Olympische Spiele 1970, WM-Teilnahme 1974, Goldmedaille Olympische Spiele 1976

Die meisten Spiele:
Joachim Streich (102), Hans-Jürgen Dörner (100), Jürgen Croy (94), Konrad Weise (86), Eberhard Vogel (74), Bernd Bransch (72)

Die meisten Tore:
Joachim Streich (55), Eberhard Vogel (25), Hans-Jürgen Kreische (25)

Rekord-Nationalspieler der DDR: Joachim Streich

Weitere ausführliche Rekordstatistiken finden sich im Internet: https://de.wikipedia.org/wiki/Deutsche_Fußballnationalmannschaft/Statistik.
(Stand: 31.7.2016)

DIE BUNDESTRAINER DES DFB

Otto Nerz 1928 – 1936
(*21.10.1892 †19.4.1949)

Um eine bessere Vorbereitung auf die Olympischen Spiele in Amsterdam zu gewährleisten, stellte der DFB im Jahr 1928 mit Otto Nerz erstmals einen hauptamtlichen „Reichstrainer" für die Nationalmannschaft ein. Bei den Spielern war der ehemalige Volksschullehrer wegen seiner Strenge gefürchtet. 1936 wurde er von Herberger abgelöst.

Sepp Herberger 1936 – 1964
(*28.3.1897 †28.4.1977)

Sepp Herberger war der zweite und letzte Reichstrainer des DFB. Als Bundestrainer in der neu gegründeten Bundesrepublik Deutschland führte er die Nationalmannschaft 1954 überraschend zum Weltmeistertitel. Durch das „Wunder von Bern", dem 3:2-Sieg gegen Ungarn im Finale, wurde er zum Helden. Der von seinen Spielern stets als „Chef" angesprochene Trainer blieb danach noch zehn Jahre im Amt.

Helmut Schön 1964 – 1978
(*15.9.1915 †23.2.1996)

Der ehemalige Klasse-Stürmer (zweimal Deutscher Meister mit dem Dresdner SC) wurde 1956 Assistent von Sepp Herberger und 1964 dessen Nachfolger. Als „Mann mit der Mütze" begleitete er die bis heute erfolgreichste Ära der deutschen Nationalmannschaft. Unter ihm holte die DFB-Elf einen EM- und einen WM-Titel und nahm an zwei weiteren Endspielen teil. Der stets etwas zögerlich wirkende Trainer profitierte davon, dass in seiner Zeit mit Beckenbauer & Co. eine Generation von selbstbewussten und fußballerisch außergewöhnlich begabten Spielern herangewachsen war.

Jupp Derwall 1978 – 1984
(*10.3.1927 †26.6.2007)

Jupp Derwall, der ehemalige Assistent von Helmut Schön, startete mit Rekorden in sein Amt: Ab seinem ersten Trainertag blieb er 23 Spiele in Folge ungeschlagen, wovon zwölf hintereinander gewonnen wurden. In diese Serie fiel auch der EM-Titel von 1980. Nach dem frühen Ausscheiden bei der EM 1984 erklärte er vorzeitig seinen Rücktritt.

Franz Beckenbauer 1984 – 1990
(*11.9.1945)

Da der „Kaiser" keine Trainerlizenz besaß, wurde er vom DFB unter der Bezeichnung „Teamchef" angestellt. Die nötige Lizenz hatten als Co-Trainer zunächst Horst Köppel und später Holger Osieck. Mit einer Mannschaft aus Kämpfern und Rennern wurde Beckenbauer 1986 in Mexiko Vize-Weltmeister und 1990 in Italien Weltmeister.

Berti Vogts 1990 – 1998
(*30.12.1946)

Der ehemalige Klasse-Verteidiger hatte als Nachfolger der „Lichtgestalt" Franz Beckenbauer einen schweren Stand. Er erreichte mit dem Europameistertitel von 1996 einen großen Erfolg, wurde aber dennoch oft kritisiert, wohl weil er immer etwas unsicher wirkte.

Erich Ribbeck 1998 – 2000
(*13.6.1937)

Nach dem Rücktritt von Berti Vogts wurde der bereits ergraute „Sir" Erich berufen, der als Trainer aber häufig ratlos wirkte. Seine Amtszeit ging als die erfolgloseste in die Geschichte der Nationalmannschaft ein.

Rudi Völler 2000 – 2004
(*13.4.1960)

Der beliebte Ex-Torjäger, wegen seiner langen lockigen Haare liebevoll „Tante Käthe" genannt, amtierte wie Beckenbauer ohne Trainerlizenz als „Teamchef". Zwar erreichte die Nationalelf unter seiner Regie das Finale der WM 2002, wirklich überzeugend spielte sie aber während seiner vierjährigen Amtszeit nur selten.

Jürgen Klinsmann 2004 – 2006
(*30.7.1964)

Der ehemalige Stürmer kam ins Bundestrainer-Amt, obwohl er bis dahin keinerlei Erfahrung als Trainer gesammelt hatte. Klinsmann brachte aus seiner Wahlheimat USA viele neue Ideen mit und krempelte beim DFB einiges um. Auf dem Platz klappte nicht alles auf Anhieb, doch dann begeisterte eine schwungvoll aufspielende DFB-Elf bei der WM 2006 die Fans. Nach dem Turnier war er erschöpft und gab den Trainerstab weiter an seinen Assistenten Jogi Löw.

Nach dem WM-Triumph im Maracanã: Joachim Löw.

Erfolgreicher Tüftler: Joachim Löw (*3.2.1960 / seit 2006)

Der stets modisch gekleidete Mann aus dem Schwarzwald hatte zwar weder als Spieler noch als Trainer ganz groß Karriere gemacht. Doch als Taktik-Experte von Jürgen Klinsmann hatte er sich bei der WM 2006 viel Anerkennung erworben und wurde anschließend dessen Nachfolger. Unter Löw, der meist nur „Jogi" genannt wird, wandelte sich das Spiel der Nationalelf. Die DFB-Auswahl spielt nun planvoller und meist auch attraktiver als in den Jahren zuvor. Bereits bei der WM 2010 begeisterte sie mit traumhaftem Kombinations- und Konterfußball.

Kritik erfuhr Löw bisher nur nach der EM 2012, als er im Halbfinale gegen Italien auf eine falsche Taktik setzte. Doch das war 2014 längst vergessen. Löws akribische Vorbereitung und seine taktischen Finessen trugen entscheidend zum Gewinn der Weltmeisterschaft bei. Die spielerische Krönung erfuhr seine Trainertätigkeit aber schon im Halbfinale, als beim 7:1 gegen Brasilien alle Rädchen perfekt ineinandergriffen.

Seitdem ist Löw als Bundestrainer unumstritten. Sein Ziel, bei der Europameisterschaft 2016 das „Double" aus WM- und EM-Titel zu erringen, scheiterte allerdings. Ihm gelang jedoch in Frankreich, zum fünften Mal hintereinander bei einem großen Turnier (und damit bei all seinen WM-/EM-Teilnahmen) mindestens das Halbfinale zu erreichen.

Von den Ergebnissen liegt Jogi Löw im Vergleich aller Bundestrainer fast an der Spitze. Seine Bilanz bis zum 31. Juli 2016: 137 Spiele, 90 Siege, 24 Unentschieden und 23 Niederlagen. Das ergibt im Durchschnitt 2,15 Punkte pro Spiel. Damit liegt er knapp hinter Berti Vogts (2,18 Punkte).

Bald wird Löw auch der Bundestrainer mit den meisten Länderspielen sein. Im Sommer 2016 lag nur noch Helmut Schön mit 139 Spielen knapp vor ihm.

Wichtige Personen rund um die Nationalmannschaft

An der Spitze von allem steht seit 2016 der DFB-Präsident Reinhard Grindel. Als Sportdirektor des DFB kümmert sich Löws ehemaliger Assistent Hansi Flick um die Nachwuchsarbeit. 2004 wurde für Oliver Bierhoff die Position eines Managers der Nationalmannschaft eingeführt. Er ist für alles Organisatorische zuständig. Neben Bundestrainer Joachim Löw gehören zum engeren Trainerteam Assistenztrainer Thomas Schneider, Torwarttrainer Andreas Köpke und Chefscout Urs Siegenthaler. Dazu kommen zahlreiche Betreuer wie das Physiotherapeuten-Team um Klaus Eder, der Arzt Hans-Wilhelm Müller-Wohlfahrt, mehrere Fitnesstrainer sowie ein Psychologe. Insgesamt zählen 28 Personen zum „Team hinter dem Team". Mit Holger Stromberg ist auch ein eigener Koch dabei.

LEXIKON DER NATIONALSPIELER

(AUSWAHL)

In Klammern: Spielzeit, Spiele/Tore, Vereine als Nationalspieler. Abkürzungen: EM = Europameister, WM = Weltmeister. (Stand: 31.7.2016)

Gerald Asamoah

Guido Buchwald

A

Allofs, Klaus (*5.12.1956). Pfiffiger Stürmer, später Manager von Werder Bremen und VfL Wolfsburg (1978-88, 56/17 – Düsseldorf, Köln, Marseille). EM 1980

Asamoah, Gerald (*3.10.1978). Erster gebürtiger Schwarzafrikaner, der das deutsche Nationaltrikot trug (2001-06, 43/6 – Schalke).

Augenthaler, Klaus (*26.9.1957). Kantig-grantiger Libero mit Mordsschuss (1983-90, 27/0 – FC Bayern). WM 1990

B

Babbel, Markus (*8.9.1972). Zuverlässiger Innenverteidiger aus München (1995-2000, 51/1 – FC Bayern). EM 1996

Badstuber, Holger (*13.3.1989). Innenverteidiger mit sicherem Passspiel (2010-16, 31/1 – FC Bayern).

Ballack, Michael (*26.9.1976). Torgefährlicher „Capitano" im Nationaltrikot (1999-2010, 98/42 – K'lautern, Leverkusen, FC Bayern, Chelsea).

Beckenbauer, Franz (*11.9.1945). Eleganter Libero, „Kaiser", geniales Glückskind (1965-77, 103/14 – FC Bayern). EM 1972, WM 1974

Berthold, Thomas (*12.11.1964). Selbstbewusster Außenverteidiger, später Golfspieler (1985-94, 62/1 – E. Frankfurt, Verona, AS Rom, VfB Stuttgart). WM 1990

Bierhoff, Oliver (*1.5.1968). Schütze des „Golden Goal" im EM-Finale 1996 (1996-2002, 70/37 – Udinese, AC Mailand, Monaco). EM 1996

Boateng, Jérôme (*3.9.1988). Als Verteidiger „Mister Zuverlässig" (2009-16, 56/1 – Hertha BSC, HSV, ManCity, FC Bayern). WM 2014

Bode, Marco (*23.7.1969). Bremer Stürmer mit einem Gesicht wie Steffi Graf (1995-2002, 40/9 – Bremen).

Bonhof, Rainer (*29.3.1952). Geboren in Holland, dynamischer Mittelfeldspieler (1972-81, 53/9 – M'gladbach). WM 1974

Brehme, Andreas (*9.11.1960). Beidfüßiger Verteidiger, kompletter Fußballer (1984-94, 86/8 – K'lautern, FC Bayern, Inter Mailand). WM 1990

Breitner, Paul (*5.9.1951). Revoluzzer mit Afro-Look, erst Verteidiger, dann Chef und Regisseur (1971-82, 48/10 – FC Bayern, Real Madrid). EM 1972, WM 1974

Briegel, Hans-Peter (*11.10.1955). Ein bärenstarker Zehnkämpfer im Fußballtrikot (1979-86, 72/4 – K'lautern, Verona). EM 1980

Buchwald, Guido (*24.1.1961). „Diego" in der Abwehr, konnte den Übersteiger wie Maradona (1984-94, 76/4 – VfB Stuttgart). WM 1990

C

Conen, Edmund (*10.11.1914 †5.3.1990). Stürmer mit Torschuss-Qualitäten wie später Gerd Müller (1934-42, 28/27 – FV Saarbrücken, Stuttg. Kickers).

D

Deisler, Sebastian (*5.1.1980). Galt lange Zeit als größtes Talent des deutschen Fußballs (2000-06, 36/3 – Hertha BSC, FC Bayern).

Dietz, Bernard (*22.3.1948). „Enatz", Kämpfer-Kumpel, zeitweise mit Kapitänsbinde (1974-81, 53/0 – MSV Duisburg). EM 1980

E

Eckel, Horst (*8.2.1932). Laufstarker Youngster beim WM-Gewinn 1954 (1952-58, 32/0 – K'lautern). WM 1954

Erhardt, Ertl (*6.7.1930 †3.7.2010). Knorriger Verteidiger, schon 1954 dabei, aber erst danach Stammspieler (1953-62, 50/1 – Fürth, FC Bayern).

F

Fischer, Klaus (*27.12.1949). Gelernter Glasbläser, Spezialist für Fallrückzieher-Tore (1977-82, 45/32 – Schalke).

Flohe, Heinz (*28.1.1948). In den 1970ern ein ballbegabter Mittelfeldspieler (1970-78, 39/8 – Köln). WM 1974

Förster, Karl-Heinz (*25.7.1958). Als Vorstopper weltweit gefürchtet (1978-86, 81/2 – VfB Stuttgart).

Friedrich, Arne (*29.5.1979). Nie unumstritten, trotzdem lange Nationalverteidiger (2002-11, 82/1 – Hertha BSC, Wolfsburg).

Frings, Torsten (*22.11.1976). Spitzname „Lutscher", Mittelfeldmotor und Führungsspieler (2001-09, 79/10 – Bremen, Dortmund, FC Bayern).

Fuchs, Gottfried (*3.5.1889 †25.2.1972). Bis heute Rekordtorschütze mit zehn Treffern in einem Spiel (1911-13, 6/14 – Karlsruher FV).

G

Götze, Mario (*3.6.1992). Supertechniker und Mann für komplizierte Tore (2010-16, 56/17 – Dortmund, FC Bayern). WM 2014

Gomez, Mario (*10.7.1985). Manchmal ein Stolperer und doch ein Torjäger von Format (2007-16, 68/29 – VfB Stuttgart, FC Bayern, AC Florenz, Besiktas Istanbul).

Grabowski, Jürgen (*7.7.1944). Dribbelstarker „Grabi" von der launischen Eintracht aus Frankfurt (1966-74, 44/5 – Frankfurt). EM 1972, WM 1974

Gündogan, Ilkay (*24.10.1990). Mittelfeld-Ass mit türkischen Wurzeln (2011-16, 16/4 – Dortmund, Manchester City).

H

Häßler, Thomas (*30.5.1966). Kleinwüchsiger „Icke", Freistoßkünstler (1988-2000, 101/11 – Köln, Turin, AS Rom, Karlsruher SC, München 1860). WM 1990, EM 1996

Haller, Helmut (*21.7.1939). Blondschopf und Italien-Legionär, klaute den WM-Endspiel-Ball von 1966 (1958-70, 33/13 – BC Augsburg, Bologna, Turin).

Held, Sigfried (*7.8.1942). Ein Held mit dicken Augenbrauen (1966-73, 41/5 – Dortmund, Offenbach).

Helmer, Thomas (*21.4.1965). Vor dem Mikrofon genauso gut wie als Manndecker (1990-98, 68/5 – Dortmund, FC Bayern).

Heynckes, Jupp (*9.5.1945). Super-Torjäger, beim DFB dennoch ohne Stammplatz (1967-76, 39/14 – M'gladbach, Hannover). EM 1972, WM 1974

Hirsch, Julius (*7.4.1892 †8.5.1945). Jüdischer Nationalspieler, von den Nazis ermordet (1911-13, 7/4 – Karlsruher FV, Fürth).

Hölzenbein, Bernd (*9.3.1946). Der „Holz" im Sturm, fiel leicht im Strafraum (1974-78, 40/5 – Frankfurt). WM 1974

Hoeneß, Uli (*5.1.1952). Schneller Stürmer, später Manager und Präsident des FC Bayern (1972-76, 35/5 – FC Bayern). EM 1972, WM 1974

Höttges, Horst-Dieter (*10.9.1943). Unverwüstlicher Verteidiger-„Eisenfuß" (1965-74, 66/1 – Bremen). WM 1974, EM 1972

Höwedes, Benedikt (*29.2.1988). Abwehr-Allrounder, Kapitän der „Königsblauen" (2011-16, 40/2 – Schalke). WM 2014

Hofmann, Richard (*8.2.1906 †5.5.1983). Bester deutscher Torjäger bis 1933, genannt „König Richard" (1927-33, 25/24 – Meerane, Dresdner SC).

Hrubesch, Horst (*17.4.1951). „Kopfball-Ungeheuer" vom HSV (1980-82, 21/6 – HSV). EM 1980

Hummels, Mats (*16.12.1988). Kluger Abwehrorganisator mit Blick für den öffnenden Pass (2010-12, 50/4 – Dortmund, FC Bayern). WM 2014

IJ

Illgner, Bodo (*7.4.1967). Weltmeister-Torhüter von 1990, später auch bei Real Madrid (1987-94, 54/0 – Köln). WM 1990

Jäger, Adolf (*31.3.1889 †21.11.1944). Kombinationsstarker Stürmer, Namensgeber einer „Kampfbahn" in Hamburg (1908-24, 18/10 – Altona 93).

Jakob, Hans (*16.6.1908 †24.3.1994). Legendärer Keeper, der gern auch mal vor dem Tor verteidigte (1930-39, 38/0 – Regensburg).

Janes, Paul (*11.3.1912 †12.6.1987). Nicht besonders redefreudige Abwehrlegende (1932-42, 71/7 – Düsseldorf).

Juskowiak, Erich (*7.9.1926 †1.7.1983). Gefürchteter Freistoßschütze, genannt „Hammer" (1951-59, 31/4 – Oberhausen, Düsseldorf).

K

Kahn, Oliver (*15.6.1969). Der „Titan" im deutschen Tor, vor allem bei der WM 2002 (1995-2006, 86/0 – FC Bayern).

Kaltz, Manfred (*6.1.1953). Rechtsverteidiger, Erfinder der „Bananenflanke" (1975-83, 69/8 – HSV). EM 1980

Khedira, Sami (*4.4.1987). Mann mit tunesischen Wurzeln, zuverlässiger „Sechser" (2009-16, 65/5 – VfB Stuttgart, Real Madrid, Juventus Turin). WM 2014

Kirsten, Ulf (*4.12.1965). Der „Schwatte" war torgefährlich für die DDR und die BRD (1992-2000, 51/20, DDR 1985-90 49/14 – Dyn. Dresden, Leverkusen).

Klinsmann, Jürgen (*30.7.1964). Torgefährlichster Stolperer im Nationaltrikot (1987-98, 108/47 – VfB Stuttgart, Int. Mailand, Monaco, Tottenham, FC Bayern, S. Genua). WM 1990, EM 1996

Klose, Miroslav (*9.6.1978). Kopfballstarker Dauerstürmer und Salto-Künstler. Hält den WM-Torschützenrekord (2001-14, 137/71 – K'lautern, Bremen, FC Bayern, Lazio Rom). WM 2014

Köpke, Andreas (*12.3.1962). Reaktionsstarker Keeper, später Bundes-Torwarttrainer (1990-98, 59/0 – Nürnberg, Frankfurt, Marseille). EM 1996

Kohler, Jürgen (*6.10.1965). Kampfstarker Fels in der Innenverteidigung (1986-98, 105/2 – Waldh. Mannheim, Köln, FC Bayern, Turin, Dortmund). WM 1990, EM 1996

Kohlmeyer, Werner (*19.4.1924 †26.3.1974). Original Pfälzer Verteidiger mit schütterem Haar (1951-55, 22/0 – K'lautern). WM 1954

Kroos, Toni (*4.1.1990). Supertechniker mit feinem Auge (2010-16, 71/11 – Leverkusen, FC Bayern, Real Madrid). WM 2014

Kuntz, Stefan (*30.10.1962). Als 33-jähriger Spätberufener Europameister in Wembley (1993-97, 25/6 – K'lautern, B. Istanbul, Bielefeld). EM 1996

Kuzorra, Ernst (*16.10.1905 †1.1.1990). Riesenkönner im Verein, aber mit magerer Karriere im Nationaldress (1927-38, 12/7 – Schalke).

L

Lahm, Philipp (*11.11.1983). Weltklasse-Allrounder mit Kapitänsbinde (2004-14, 113/5 – VfB Stuttgart, FC Bayern). WM 2014

Lehmann, Jens (*10.11.1969). Torhüter mit Zettel im Stutzen (1998-2008, 61/0 – Schalke, Dortmund, Arsenal).

Lehner, Ernst (*7.11.1912 †10.1.1986). Rechtsaußen, ehemals Rekordspieler und Rekordtorjäger des DFB (1933-42, 65/31 – Schw. Augsburg, BW Berlin).

Liebrich, Werner (*18.1.1927 †20.3.1995). Harter Verteidiger, Erfinder der nach ihm benannten Grätsche (1951-56, 16/0 – K'lautern). WM 1954

Littbarski, Pierre (*16.4.1960). Säbelbeiniger Stürmer, zeitweise Wahl-Japaner (1981-90, 73/18 – Köln, R. Paris). WM 1990

M

Magath, Felix (*26.7.1953). Intelligenter Regisseur, später erfolgreicher Trainer (1977-86, 43/3 – HSV). EM 1980

Mai, Karl (*27.7.1928 †15.3.1993). Linker Außenläufer, genannt Charly (1953-59, 21/1 – Fürth). WM 1954

Maier, Sepp (*28.2.1944). Spaßvogel und erfolgreichster deutscher Torhüter (1966-79, 95/0 – FC Bayern). EM 1972, WM 1974

Matthäus, Lothar (*21.3.1961). Dynamiker, Rekord-Nationalspieler, Weltfußballer (1980-2000, 150/23 – M'gladbach, FC Bayern, Int. Mailand, New York). WM 1990

Mertesacker, Per (*29.9.1984). Langer Lulatsch mit Stammplatz in der Abwehr-Zentrale (2004-16, 104/4 – Hannover, Bremen, Arsenal). WM 2014

Metzelder, Christoph (*5.11.1980). Kluger Abwehr-Stratege, guter Techniker (2001-08, 47/0 – Dortmund, Real Madrid, Schalke).

Möller, Andreas (*2.9.1967). Manchmal Weltklasse, manchmal „Heulsuse" (1988-99, 85/29 – Dortmund, Frankfurt, Turin). WM 1990, EM 1996

Morlock, Max (*11.5.1925 †10.9.1994). Als Halbstürmer Schütze wichtiger Tore, Idol des „Club" (1950-58, 26/21 – Nürnberg). WM 1954

Müller, Gerd (*3.11.1945). Bester deutscher Torjäger aller Zeiten (1966-74, 62/68 – FC Bayern). EM 1972, WM 1974

Müller, Hansi (*27.7.1957). Der schöne Hansi aus dem Schwabenland (1978-83, 42/5 – VfB Stuttgart, Int. Mailand). EM 1980

Müller, Thomas (*13.9.1989). Laufwunder, Gegner-Verwirrer, Torjäger (2010-16, 77/32 – FC Bayern). WM 2014

Große Freude bei Thomas Müller, Sami Khedira, Philipp Lahm und Mesut Özil: Das 2:1 gegen die Franzosen am 6.2.2013 in Paris bedeutete den ersten Sieg einer deutschen Elf in Frankreich seit dem Jahr 1935! Leider konnte dieser Sieg bei der EM 2016 nicht wiederholt werden.

Münzenberg, Reinhold (*25.1.1909 †25.6.1986). Mittelläufer mit guter Technik, genannt „der Eiserne" (1930-39, 41/0 – Aachen).

N

Netzer, Günter (*14.9.1944). Großfüßiger Regisseur der deutschen Super-Elf von 1972 (1965-75, 37/6 – M'gladbach, R. Madrid). EM 1972, WM 1974

Neuer, Manuel (*27.3.1986). Weltklasse-Keeper mit Super-Abwurf (2009-16, 71/0 – Schalke, FC Bayern). WM 2014

Neuville, Oliver (*1.5.1973). Deutsch-italienisch-schweizerischer Flügelflitzer (1998-2008, 69/10 – Rostock, Leverkusen, M'gladbach).

O/P

Özil, Mesut (*15.10.1988). Mittelfeld-Zehner mit der Lizenz zum tödlichen Pass (2009-16, 79/20 – Bremen, Real Madrid, FC Arsenal). WM 2014

Overath, Wolfgang (*29.9.1943). Regisseur und Filigrantechniker, Kölner Urgestein (1963-74, 81/17 – Köln). WM 1974

Podolski, Lukas (*4.6.1985). In Polen geborener „Prinz Poldi", Ballermann mit Linksfuß (2004-16, 129/48 – Köln, FC Bayern, Arsenal, Galatasaray Istanbul). WM 2014

Posipal, Jupp (*20.6.1927 †21.2.1997). Stopper und Rechtsverteidiger, stammte aus Siebenbürgen (1951-56, 32/1 – HSV). WM 1954

R

Rahn, Helmut (*16.8.1929 †14.8.2003). Besorgte das „Wunder von Bern", Spitzname „der Boss" (1951-60, 40/21 – RW Essen). WM 1954

Reus, Marco (*31.5.1989). Schneller Super-Dribbler und Torjäger (2011-16, 29/9 – M'Gladbach, Dortmund).

Reuter, Stefan (*16.10.1966). Antrittsschneller Mittelfeldspieler aus Dinkelsbühl (1987-98, 69/2 – Nürnberg, FC Bayern, Turin, Dortmund). WM 1990

Riedle, Karl-Heinz (*16.9.1965). Kleiner Mittelstürmer mit Lufthoheit im Strafraum (1988-94, 42/16 – Bremen, Lazio Rom, Dortmund). WM 1990

Rummenigge, Karl-Heinz (*25.9.1955). Schneller Stürmer mit furchterregenden Oberschenkeln (1976-86, 95/45 – FC Bayern, Int. Mailand).

S

Sammer, Matthias (*5.9.1967). Rothaariger „Feuerkopf", Antreiber zum EM-Titel (1990-97, 51/8 und DDR 1986-90, 23/6 – Dyn. Dresden, VfB Stuttgart, Int. Mailand, Dortmund). EM 1996

Schäfer, Hans (*19.10.1927). Linksaußen und dreifacher WM-Teilnehmer (1952-62, 39/15 – Köln). WM 1954

Schneider, Bernd (*17.11.1973). Zauberte brasilianisch auf der rechten Seite (1999-2008, 81/4 – Leverkusen).

Schnellinger, Karl-Heinz (*31.3.1939). Blonder Verteidiger, vierfacher WM-Teilnehmer (1961-71, 47/1 – Düren, Köln, AS Rom, AC Mailand).

Scholl, Mehmet (*16.10.1970). Teenie-Schwarm, vor Turnieren stets verletzt (1995-2002, 36/8 – FC Bayern). EM 1996

Schürrle, André (*6.11.1990). Schneller Offensivspieler mit Tordrang (2010-16, 55/20 – Mainz, Leverkusen, Chelsea, Wolfsburg, Dortmund). WM 2014

Schulz, Willi (*4.10.1938). Abwehrchef, DFB-Kapitän, „World-Cup-Willi" (1959-70, 66/0 – Günnigfeld, Schalke, HSV).

Schumacher, Harald (*6.3.1954). Der verrückte „Toni" im Tor (1979-86, 76/0 – Köln). EM 1980

Schuster, Bernd (*22.12.1959). Begnadeter „blonder Engel" im Mittelfeld (1979-84, 21/4 – Köln, Barcelona). EM 1980

Schwarzenbeck, Hans-Georg (*3.4.1948). „Katsche", grober Assistent des eleganten „Kaiser Franz" (1971-78, 44/0 – FC Bayern). EM 1972, WM 1974

Schweinsteiger, Bastian (*1.8.1984). Antreiber und Seele des deutschen Spiels (2004-16, 120/24 – FC Bayern, Manchester United). WM 2014

Seeler, Uwe (*5.11.1936). „Uns Uwe", die HSV-Legende schlechthin (1954-70, 72/43 – HSV).

Siffling, Otto (*3.8.1912 †20.10.1939). Torgefährlicher Vollblutstürmer (1934-38, 31/17 – Waldh. Mannheim).

Stein, Uli (*23.10.1954). Bei der WM 1986 in Mexiko Ersatztorhüter mit Rückflugticket (1983-86, 6/0 – HSV).

Stielike, Uli (*15.11.1954). Mittelfeldtechniker, Legionär bei Real Madrid (1975-84, 42/3 – M'gladbach, Real Madrid). EM 1980

Strunz, Thomas (*25.4.1968). Verteidiger mit wechselnder Haarfarbe (1990-99, 41/1 – FC Bayern, VfB Stuttgart). EM 1996

Stuhlfauth, Heiner (*11.1.1896 †12.9.1966). Erster Weltklasse-Torhüter Deutschlands (1920-30, 21/0 – Nürnberg).

Szepan, Fritz (*2.9.1907 †14.12.1974). Grandioser Mittelfeld-Techniker (1929-39, 34/8 – Schalke).

Szymaniak, Horst (*29.8.1934 †9.10.2009). Linker Läufer, erst Bademeister, dann Italien-Legionär (1956-66, 43/2 – Wuppertal, Karlsruher SC, Catania, Int. Mailand, Varese, Tas. Berlin).

T

Thom, Andreas (*7.9.1965). Erster DDR-Fußballer in der Bundesliga, Doppel-Nationalstürmer (1990-94, 10/2, DDR 1984-90, 51/16 – Dyn. Berlin, Leverkusen).

Thon, Olaf (*1.5.1966). Kleiner Straßenfußballer aus dem Ruhrgebiet (1984-98, 52/3 – Schalke, FC Bayern). WM 1990

Tilkowski, Hans (*12.7.1935). Langjähriger Stammkeeper, nur 1962 nicht (1957-67, 39/0 – Herne, Dortmund).

Turek, Toni (*18.1.1919 †11.5.1984). Der „Fußballgott" im deutschen Tor (1950-54, 20/0 – Düsseldorf). WM 1954

UV

Völler, Rudi (*13.4.1960). „Ruuudi", beliebter und erfolgreicher Torjäger (1982-94, 90/47 – Bremen, AS Rom, Marseille). WM 1990

Vogts, Berti (*30.12.1946). Rechtsverteidiger, setzte als „Terrier" jeden Gegner matt (1967-78, 96/1 – M'gladbach). EM 1972, WM 1974

W

Walter, Fritz (*31.10.1920 †17.6.2002). Verlängerter Arm des Bundestrainers Sepp Herberger (1940-58, 61/33 – K'lautern). WM 1954

Walter, Ottmar (*6.3.1924). Der „Ottes", Stürmer und jüngerer Bruder vom Fritz (1950-56, 21/10 – K'lautern). WM 1954

Weber, Wolfgang (*26.6.1944). Rettete Deutschland im WM-Finale 1966 in die Verlängerung (1964-74, 53/2 – Köln).

Willimowski, Ernst (*23.6.1916 †30.8.1997). Enorm torgefährlicher Stürmer, der sowohl für Polen wie für Deutschland traf (1941-42, 8/13 – PSV Chemnitz, München 1860).

Wimmer, Herbert (*9.11.1944). Dauerläufer und Wasserträger für Netzer (1968-76, 36/4 – M'gladbach). EM 1972, WM 1974

Wörns, Christian (*10.5.1972). Bei Waldhof Mannheim geschulter klassischer Manndecker (1992-2005, 66/0 – Leverkusen, Paris SG, Dortmund).

Z

Ziege, Christian (*1.2.1972). Flinker Außenbahnspieler aus Berlin (1993-2004, 72/9 –FC Bayern, AC Mailand, Middlesbrough, Liverpool, Tottenham).